Vegane Heimatküche

50 Lieblingsrezepte von Kohlrouladen bis Apfelküchle

Caroline Loße

Vegane HEIMAT KÜCHE

50 LIEBLINGSREZEPTE VON KOHLROULADEN BIS APFELKÜCHLE

CHRISTIAN

INHALT

HALLO!

Kennst du das wahre Geheimnis von Hausmannskost und Heimatküche? Ja? Bist du dir sicher? Wir werden sehen!

Zunächst einmal: Ich freue mich sehr, dass du dich für dieses Buch entschieden hast. Denn es ist etwas Besonderes. Und wenn du wissen möchtest, wer ich bin: Mein Name ist Caroline, ich komme aus Sachsen, habe Kognitionswissenschaften studiert, liebe Essen, Fotografieren und Bücher, bin gerne an der frischen Luft unterwegs, mag die Farbe Weinrot, laufe in Open-World-Spielen gerne einfach nur durch die Landschaft, arbeite im Marketing und teile über meinen Instagram-Account @sugarberrry regelmäßig Rezepte zu veganen Smoothie Bowls und Desserts.

Den passenden Kochlöffel dazu hat man mir, glaube ich, direkt in die Wiege gelegt. Bereits als Kind habe ich gerne in der Küche geholfen, habe in Töpfen gerührt und Kuchenteig verkostet, bis ich groß genug war, um erste Rezepte nachzukochen und die große, bunte Welt der Zutaten kennenzulernen. Bald gesellte sich noch die Lust am Ausprobieren dazu, bis ich damit begann, eigene Rezepte zu kreieren – in den letzten Jahren dann auch vor allem in der veganen Küche. Doch die Rezepte meiner Oma habe ich nie vergessen, und so ist schließlich dieses Buch entstanden. Es ist eine Sammlung von Gerichten, die wir alle kennen, die so schmecken, duften und aussehen, wie wir es erwarten, und die dennoch gänzlich ohne tierische Produkte auskommen. Die Rezepte und das Wissen über ihre pflanzlichen Zutaten, ihre Zusammenstellung und ihre Variationen habe ich mir in den letzten zehn Jahren auf verschiedenen Wegen selbst angeeignet und nun zu Papier gebracht, um sie mit dir zu teilen, dich zu inspirieren und zum Nachkochen einzuladen. In diesem Buch stecken damit viel persönliche Erfahrung, natürlich Geschmack, jede Menge Herzblut und ja, hier und da auch Erinnerungen. Das ist es, was es so besonders macht.

Was nun das Geheimnis von Hausmannskost und Heimatküche anbelangt: Tut mir leid, da wirst du dich noch ein wenig gedulden müssen ... es aber auf den folgenden Seiten herausfinden!

Deine

Caroline Loße

VEGANE HEIMATKÜCHE

VON HEIMATKÜCHE ZU VEGANER KÜCHE

Wer kennt sie nicht, die Erinnerung aus Kindheitstagen, als man nach dem Spielen von draußen zurück ins Haus kam und der deftige Geruch des Mittagessens in der Luft lag. Schritt für Schritt lockte einen der Duft zur Küche, gespannt darauf, was denn Gutes auf dem Tisch stand. Diese Erinnerung ist für mich der Inbegriff von Hausmannskost und Heimatküche.

Aufgewachsen mit einer klassischen Hausmannskost, angefangen bei Rouladen über Gulasch bis hin zu roter Grütze, habe ich früh die Leidenschaft zum Kochen und für gutes Essen kennengelernt und übernommen. Gerne erinnere ich mich an meine erste kleine Kochstunde bei meiner Oma zurück, die damit wohl den Grundstein für meine Passion legte. Mit Begeisterung und immer größer werdender Lust am Ausprobieren kochte ich in den Jahren darauf sämtliche Gerichte und Rezepte nach. Zu einem großen Teil bestanden diese aus tierischen Lebensmitteln als Grundlage der regionalen Küche.

Fleisch war einmal Luxus

Doch nicht immer lag der Fokus der Heimatküche auf tierischen Produkten. Früher war Fleisch aus finanziellen Gründen ein Luxusprodukt. So standen vor allem erschwinglichere, pflanzliche Zutaten im Vordergrund: Lebensmittel wie Obst und Gemüse, die selbst oder regional angebaut wurden und saisonal verfügbar waren. Wenn beispielsweise gerade Apfelernte war, wurden die Äpfel sofort zu allen möglichen Gerichten in der Küche verarbeitet. Auch andere Obst- und Gemüsesorten wie Birnen, Pflaumen, Rhabarber und Kohl sind Klassiker der Hausmannskost (und als solche noch heute häufig auf den Tellern zu finden).

Mit der Zeit hatte sich das Bild dann gewandelt, Fleisch wurde bezahlbar und ist mit anderen tierischen Erzeugnissen wie Eiern und Milchprodukten zum elementaren Bestandteil der Heimatküche geworden. Aber bei Heimatküche sprechen wir nicht nur von Deftigem. Im Gegenteil: Ein Schokokuchen, der noch im Ofen mit seinem Duft die gesamte Familie in ungeduldiger Erwartung und Vorfreude in der Küche versammelt – braucht es noch weitere Worte?

Der Geschmack von Erinnerungen

Bei Heimatküche und Hausmannskost geht es sozusagen ums Ganze: Es geht um die unzähligen Aromen, über die wir jederzeit den Geruch einem ganz speziellen Gericht zuordnen können. Es geht um das gemeinschaftliche Gefühl, wenn die Familie

am Esstisch zusammenkommt. Es geht um die Erinnerungen, die wir mit unserer Kindheit und der Region, in der wir sie verbracht haben, verbinden. Und das ist das wahre Geheimnis; das, was es so wertvoll macht.

Letztendlich ist es das Zusammenspiel von Geschmack, Düften, Gerüchen und Erlebnissen, das unsere Erinnerungen prägt und uns das Wasser im Mund zusammenlaufen lässt, wenn der Appetit geweckt wird. Wenn wir uns an das Unglück mit der Bratensauce bei Omas Geburtstag erinnern, oder an den Apfelstrudel, mit dem wir uns für eine anstrengende, aber eindrucksvolle Alpenwanderung belohnt haben, spielt es keine Rolle, ob die Zutaten tierischen oder pflanzlichen Ursprungs waren – und sind.

Abgestaubt: moderne Hausmannskost

Das ist die große Chance bei der Diskussion darüber, ob Hausmannskost nur dann Hausmannskost ist, wenn sie mit den gewohnten tierischen Zutaten zubereitet wird. Denn nur dann, so die häufige Meinung, schmeckt und riecht sie so, wie wir uns gerne an sie erinnern.

Diese Angst, dass man die so liebgewonnenen Gerichte nicht ebensogut aus rein pflanzlichen Zutaten zaubern könnte, ist unbegründet: Wie häufig habe ich Gerichte aus diesem Buch Familienmitgliedern angeboten, die im Nachhinein erstaunt waren, dass es sich um vegane Speisen handelte. Denn weder Duft noch Geschmack verrieten, dass die Rezepte gänzlich ohne tierische Zutaten auskamen!

Und: Heimatküche verdient mehr als das staubige Image, das ihr bisweilen anhaftet. Heimatküche kann modern sein, kann gesund sein und vor allem alles andere als langweilig – und das ohne die tierischen Produkte, welche die traditionellen Rezepte bestimmen.

Dies alles möchte ich dir mit 50 meiner liebsten Rezepte zeigen, ganz egal, ob du dich vegan, vegetarisch oder omnivor ernährst. Ich wünsche dir viel Spaß beim Kochen – und einen guten Appetit beim Kosten!

TIPP: In jedem Kapitel findest du zu Anfang einige Grundrezepte. Auf den Seiten 169–173 habe ich außerdem noch ein paar Rezepte für vegane Basics zusammengestellt. Es lohnt sich, wenn du dir einen kleinen Vorrat dieser selbst gemachten Produkte anlegst. Damit schmecken die Rezepte, in denen diese verwendet werden, gleich nochmal besser. Und zudem sparst du in vielen Fällen auch noch Geld.

SUPPEN & SALATE

In diesem Kapitel findest du eine Auswahl traditioneller und neu interpretierter Suppen und Salate. Angefangen bei der klassischen Kartoffelsuppe bis hin zum etwas ausgefalleneren Spargelsalat mit Erdbeeren oder Kürbissalat mit Zitronen-aromen. Der Fokus dieser Rezepte liegt auf der Verwendung von frischem Obst und Gemüse. Ergänzt werden diese durch hochwertige Öle, frische Kräuter, Nüsse und Milchersatz-produkte auf pflanzlicher Basis.

GRUNDREZEPT

Gemüsebrühe

Für etwa 500 ml
1 Karotte
1/2 Stange Lauch
1/2 Knollensellerie
2 Zwiebeln
Salz
frisch gemahlener schwarzer Pfeffer

1. Das Gemüse waschen, putzen und grob hacken, dabei die Zwiebeln mit der Schale verwenden. Mit etwa 800 ml Wasser in einem mittelgroßen Topf zum Kochen bringen und kräftig mit Salz und Pfeffer würzen. Bei niedriger Temperatur etwa 1 Stunde köcheln lassen, bis die Flüssigkeit sichtlich reduziert ist. Mit Salz und Pfeffer abschmecken.

2. Anschließend die Brühe durch einen Kaffeefilter in ein Glas füllen. Sie hält sich verschlossenen im Glas einige Tage im Kühlschrank. Sie lässt sich auch wunderbar in Eiswürfelbehältern einfrieren und kann so mehrere Monate gelagert werden.

GRUNDREZEPTE

Dressings

SENF-ÖL-DRESSING

Für 1 Salat
1 EL Senf
1 TL Agavendicksaft
2 EL Olivenöl
2 EL Branntweinessig
½ TL Salz
frisch gemahlener schwarzer Pfeffer

1. Alle Zutaten in einer kleinen Schüssel miteinander vermengen, bis sich Senf und Agavendicksaft aufgelöst haben.
2. Das Dressing anschließend über den jeweiligen Salat geben, beides miteinander vermengen und servieren.

ZITRONEN-ÖL-DRESSING

Für 1 Salat
1 Zitrone
2 EL Olivenöl
1 TL frisch gehackte Kräuter (z.B. Petersilienblätter, Schnittlauch)

1. Die Zitrone in eine kleine Schüssel auspressen. Das Olivenöl und die gehackten Kräuter zugeben und alles gründlich verrühren.
2. Das Dressing anschließend über den jeweiligen Salat geben, beides miteinander vermengen und servieren.

DRESSING MIT MANDELDRINK

Für 1 Salat
150 ml ungesüßter Mandeldrink
2 EL Zitronensaft
1 EL Branntweinessig
1 EL Walnussöl
1 TL Agavendicksaft
½ TL Salz
frisch gemahlener schwarzer Pfeffer

1. Alle Zutaten in eine kleine Flasche mit Schraubverschluss füllen. Die Flasche schütteln, bis sich alle Zutaten verbunden haben.
2. Das Dressing anschließend über den jeweiligen Salat geben, beides miteinander vermengen und servieren.

KARTOFFELSUPPE

klassisch

Für 2 Hauptspeise-Portionen oder 4 Vorspeise-Portionen

- 1,2 kg mehligkochende Kartoffeln
- 1,2 l Gemüsebrühe (siehe Seite 16)
- 2 Karotten
- 1/4 Stange Lauch
- 1 TL Mandelmus
- Salz
- frisch gemahlener schwarzer Pfeffer
- frisch geriebene Muskatnuss

Außerdem

- 2 Stängel glatte Petersilie
- 4 EL veganer ungesüßter Joghurt
- 2 TL Sonnenblumenkerne
- 4 Scheiben Brot

1. Die Kartoffeln waschen, schälen und in etwa 2 cm große Würfel schneiden. Die Gemüsebrühe in einem großen Topf zum Kochen bringen, die Kartoffeln hinzufügen und alles bei niedriger bis mittlerer Temperatur etwa 10 Minuten köcheln lassen.

2. In der Zwischenzeit die Karotten und den Lauch waschen und putzen. Beides in etwa 1 cm dünne Scheiben schneiden und zu den Kartoffeln in den Topf geben. Alles bei mittlerer Temperatur und halb geöffnetem Deckel weitere 10 Minuten köcheln lassen.

3. Den Topf vom Herd nehmen, das Mandelmus einrühren und anschließend mit einem Stabmixer das Gemüse und die Kartoffeln pürieren. Bei Bedarf etwas heißes Wasser hinzufügen, bis die gewünschte Suppenkonsistenz erreicht ist. Anschließend mit Salz, Pfeffer und einer Prise Muskatnuss abschmecken.

4. Zum Schluss die Petersilie waschen, trockenschütteln und die Blättchen abzupfen. Die Kartoffelsuppe in tiefen Tellern anrichten und pro Teller mit 1 EL Joghurt, 1/2 TL Sonnenblumenkernen, etwas Pfeffer und Petersilie dekorieren. Die Suppe mit dem Brot servieren.

KÜCHENTIPPS

von Oma

Die Suppe ist versalzen

Der Klassiker, und es passiert schneller, als man denkt: Solltest du es mit dem Salz in deiner Suppe mal zu gut gemeint haben, kannst du eine rohe geschälte Kartoffel in die Suppe geben und 10 Minuten mit kochen. Diese bindet das Salz und macht die Suppe wieder genießbar. Die Kartoffel vor dem Servieren wieder herausnehmen.

Nach dem Kochen verfärbt sich der Blumenkohl

Gerade strahlte der Blumenkohl beim Kochen im Topf noch schön weiß, doch dann verfärbt er sich, als er aus dem Topf geholt wird. Damit das nicht passiert, kannst du eine Scheibe einer unbehandelten Zitrone oder etwas Zitronensaft ins Kochwasser geben.

Während des Bratens spritzt das Öl zu stark

Da heißes Öl nicht nur gefährlich ist, sondern auch unschöne Flecken verursacht, empfiehlt es sich, eine Prise Salz ins heiße Fett zu geben. So verhinderst du, dass das Öl übermäßig spritzt.

Der Salat wird sehr schnell labbrig und hält sich nicht so lange

Damit Salat lange knackig und frisch bleibt, kannst du ihn einfach in Küchenpapier einwickeln. Das nimmt überschüssige Feuchtigkeit auf und trägt dazu bei, dass der Salat sich länger hält.

CREMIGE KÄSESUPPE

mit Lauch

Für 2 Hauptspeise-Portionen oder 4 Vorspeise-Portionen

- 300 g mehligkochende Kartoffeln
- 1 Zwiebel
- 1 EL Olivenöl
- ½ Stange Lauch
- 200 g ungesalzene Cashewkerne
- Salz
- 1 TL Gemüsebrühpulver
- 50 ml Rapsöl
- 40 g Weizenmehl Type 405
- 600 ml ungesüßter Mandeldrink
- frisch geriebene Muskatnuss
- frisch gemahlener schwarzer Pfeffer

1. Die Kartoffeln waschen, schälen und in etwa 2 cm große Würfel schneiden. Die Zwiebel abziehen und klein würfeln. Das Olivenöl in einem großen Topf bei mittlerer Temperatur erhitzen und die gewürfelte Zwiebel unter gelegentlichem Rühren kurz darin anschwitzen.

2. In der Zwischenzeit den Lauch gründlich waschen, putzen und in etwa 1 cm dünne Ringe schneiden. Zwei Ringe zum Garnieren beiseitestellen.

3. Die angeschwitzte Zwiebel mit 400 ml Wasser ablöschen. Von den Cashewkernen 2 EL für die Dekoration beiseitestellen. Die übrigen Kerne mit etwas Salz, dem Gemüsebrühpulver, den gewürfelten Kartoffeln und den Lauchringen in den Topf geben und alles bei mittlerer Temperatur unter gelegentlichem Rühren etwa 15 Minuten köcheln lassen.

4. Währenddessen in einem separaten Topf eine Béchamelsauce zubereiten. Hierfür das Rapsöl bei mittlerer Temperatur erhitzen. Das Weizenmehl zugeben und mit einem Holzlöffel kurz untermischen. Den Mandeldrink langsam angießen, alles unter Rühren aufkochen und 2 Minuten köcheln lassen. Die Sauce anschließend mit einem Schneebesen glatt rühren und vom Herd nehmen.

5. Auch die Kartoffel-Gemüse-Mischung vom Herd nehmen und mit einem Stabmixer grob pürieren. Die Béchamelsauce angießen und alles erneut pürieren. Mit Salz, Pfeffer und einer Prise Muskatnuss abschmecken. Bei Bedarf noch etwas heißes Wasser für eine flüssigere Konsistenz hinzufügen.

6. Die Käsesuppe in tiefen Tellern anrichten. Die übrigen Cashewkerne grob hacken, die Suppe damit sowie mit den restlichen Lauchringen garnieren und servieren.

TIPP: Die Suppe eignet sich ideal als Basis für eine Käse-Hackfleisch-Suppe. Dazu einfach in einer separaten Pfanne 200 g veganes Hackfleisch anbraten und in die pürierte Suppe geben.

TOMATENSUPPE

mit Mandelmus und Croûtons

Für 1 Hauptspeise-Portion oder 2 Vorspeise-Portionen

- 1 Zwiebel
- 1 Knoblauchzehe
- 3 EL Olivenöl
- 3 EL Tomatenmark
- 100 ml Gemüsebrühe (siehe Seite 16)
- 400 g stückige Tomaten aus der Dose
- 400 g geschälte Tomaten aus der Dose
- 3 TL weißes Mandelmus
- 1 Scheibe Brot
- Salz
- frisch gemahlener schwarzer Pfeffer

Außerdem

- einige Blätter frisches Basilikum

1. Die Zwiebel und den Knoblauch abziehen und in kleine Würfel schneiden. 1 EL Olivenöl in einem Topf bei mittlerer Temperatur erhitzen. Die Zwiebel- und Knoblauchwürfel darin anschwitzen, bis die Zwiebel glasig ist.

2. Anschließend das Tomatenmark zugeben und alles mit einem Holzlöffel gut vermengen. Die Gemüsebrühe unter Rühren angießen. Sowohl die stückigen als auch die geschälten Tomaten hinzufügen und alles erneut gut vermengen. 1 TL Mandelmus einrühren und die Mischung dann bei niedriger bis mittlerer Temperatur etwa 10 Minuten köcheln lassen.

3. In der Zwischenzeit für die Croûtons das Brot in etwa 1 cm große Würfel schneiden. Anschließend das restliche Olivenöl (2 EL) in einer separaten Pfanne bei mittlerer Temperatur erhitzen. Die Brotwürfel zugeben und unter Rühren von beiden Seiten etwa 3 Minuten darin anrösten.

4. Die Tomatensuppe vom Herd nehmen und mit einem Stabmixer cremig pürieren. Mit Salz und Pfeffer abschmecken.

5. Die Suppe in Suppentellern oder einem Suppentopf anrichten und mit dem übrigen Mandelmus (2 TL) sowie den Croûtons dekorieren.

6. Zum Schluss die Basilikumblätter waschen, trockenschütteln, die Suppe damit garnieren und servieren.

Deftige

BERGLINSENSUPPE

Für 4 Hauptspeise-Portionen

- 1 EL Olivenöl
- 1 Zwiebel
- 1 Karotte
- 2 l Gemüsebrühe (siehe Seite 16)
- 350 g getrocknete Berglinsen
- 2 EL Weizenmehl Type 405
- 1 TL Salz
- 1/2 TL frisch gemahlener schwarzer Pfeffer
- 1 TL Zucker
- 2 EL Branntweinessig

Außerdem

- einige Blätter frische glatte Petersilie
- 4 Scheiben frisches Brot

1. Das Olivenöl in einem großen Topf bei mittlerer Temperatur erhitzen. Die Zwiebel abziehen und in kleine Würfel schneiden. Die Karotte waschen, schälen, längs halbieren und in dünne Scheiben schneiden. Die Zwiebelwürfel und die Karottenscheiben im Olivenöl anschwitzen.

2. Dann mit der Gemüsebrühe ablöschen. Die Berglinsen in ein feines Sieb geben, unter fließendem Wasser abspülen und in den Topf geben. Den Topfinhalt bei niedriger bis mittlerer Temperatur und leicht geöffnetem Deckel unter gelegentlichem Rühren etwa 40 Minuten köcheln lassen. Anschließend den Topf vom Herd nehmen und alles bei geschlossenem Deckel weitere 15 Minuten ziehen lassen.

3. In der Zwischenzeit das Mehl in einer separaten Pfanne bei mittlerer Temperatur unter ständigem Rühren anbräunen und unter die Linsenmasse mischen.

4. Anschließend die Suppe mit Salz, Pfeffer, Zucker und Branntweinessig abschmecken und auf vier Suppenteller verteilen.

5. Zum Schluss die Petersilie waschen, trockenschütteln, die Suppe damit garnieren und mit dem Brot servieren.

BLUMENKOHLSUPPE

mit Rosmarin und Röstzwiebeln

Für 4 Hauptspeise-Portionen

- 1 EL Olivenöl
- 1 Zwiebel
- 500 ml ungesüßter Mandeldrink
- 400 ml Gemüsebrühe (siehe Seite 16)
- 750 g TK-Blumenkohl oder 1 frischer mittelgroßer Blumenkohl
- 2 Zweige frischer Rosmarin
- 1 EL Salz plus etwas mehr nach Bedarf
- ½ TL frisch gemahlener schwarzer Pfeffer plus etwas mehr nach Bedarf
- frisch geriebene Muskatnuss
- 2 EL weißes Mandelmus

Außerdem

- 4 TL gehobelte Mandeln
- 4 EL Röstzwiebeln

1. Das Olivenöl in einer Pfanne bei mittlerer Temperatur erhitzen. Die Zwiebel abziehen, in kleine Würfel schneiden und darin anschwitzen. Dann mit dem Mandeldrink und der Gemüsebrühe ablöschen.

2. Anschließend den TK-Blumenkohl zugeben und alles bei niedriger bis mittlerer Temperatur etwa 20 Minuten garen. Bei Verwendung von frischem Blumenkohl diesen zuvor waschen, den Strunk entfernen, den Blumenkohl in Röschen schneiden und die Röschen in der Mandeldrink-Gemüsebrühe-Mischung in etwa 20 Minuten garen. Danach durch Einstechen mit einem Messer die Festigkeit des Blumenkohls prüfen und bei Bedarf die Garzeit um 5 Minuten verlängern.

3. Die Rosmarinzweige waschen, trockenschütteln und die Nadeln abzupfen. Eine Hälfte der Rosmarinnadeln für die Dekoration beiseitestellen, die andere Hälfte mit dem Salz, dem Pfeffer, einer Prise Muskatnuss und dem Mandelmus zum Blumenkohl geben.

4. Den Topf vom Herd nehmen und alles mit einem Stabmixer fein pürieren. Die Suppe nach Bedarf mit Salz und Pfeffer abschmecken und auf Suppenteller verteilen.

5. Zum Schluss jeweils 1 TL gehobelte Mandeln und 1 EL Röstzwiebeln auf der Suppe verteilen. Mit den restlichen Rosmarinnadeln garnieren und servieren.

BOHNENSALAT

mit roter Zwiebel

Für 2 Beilagen-Portionen

400 g frische grüne Bohnen
½ rote Zwiebel
2 EL Kräuteressig
1 EL Zitronensaft
½ TL Salz
½ TL frisch gemahlener schwarzer Pfeffer
1 EL gehackter frischer Dill plus frische Spitzen zum Garnieren

1. Die Bohnen waschen, die Enden abschneiden und die Bohnen halbieren. So viel Wasser in einen großen Topf mit Dünsteinsatz gießen, dass der Boden damit bedeckt ist, der Einsatz jedoch trocken bleibt. Das Wasser zum Kochen bringen. Die halbierten Bohnen auf den Aufsatz geben und bei niedriger bis mittlerer Temperatur und geschlossenem Deckel etwa 20 Minuten dünsten.

2. In der Zwischenzeit die Zwiebel abziehen und in kleine Würfel schneiden. Mit dem Kräuteressig, dem Zitronensaft, dem Salz, dem Pfeffer und dem gehackten Dill in einer kleinen Schüssel zu einem Dressing verrühren.

3. Die fertig gedünsteten Bohnen vom Herd nehmen und in eine große Schüssel geben. Anschließend das Dressing hinzufügen und alles miteinander vermengen.

4. Zum Schluss die Dillspitzen waschen und trockenschütteln. Den Bohnensalat damit garnieren und lauwarm oder kalt servieren.

NUDELSALAT

klassisch

Für 4 Beilagen-Portionen

200 g Vollkorn-Fusilli
5 Cocktailtomaten
5 saure Gurken
130 g Erbsen und Karotten aus der Dose (Abtropfgewicht)
100 g vegane Mayonnaise
1 EL Kräuteressig
1/2 TL Salz
frisch gemahlener schwarzer Pfeffer

Außerdem
frischer Schnittlauch

1. Die Fusilli nach Packungsanweisung al dente kochen, anschließend abgießen und die Nudeln in eine mittelgroße Schüssel füllen.

2. Die Cocktailtomaten waschen und vierteln. Die sauren Gurken in dünne Scheiben schneiden. Beides unter die Nudeln mischen.

3. Die Erbsen und Karotten in ein Sieb abgießen und abtropfen lassen. Die Karotten in kleine Stücke schneiden und beides ebenfalls unter die Nudeln mischen.

4. Die Mayonnaise hinzufügen, alles mit dem Kräuteressig, dem Salz und Pfeffer abschmecken und vermengen.

5. Zum Schluss den Schnittlauch waschen, trockenschütteln und in kleine Röllchen schneiden. Den Nudelsalat damit garnieren und servieren.

Raffinierter EIERSALAT

Für 2 Beilagen-Portionen

- 200 g weiße Champignons
- 1 Zwiebel
- 75 g vegane Mayonnaise
- ½ TL Kurkumapulver
- 2 EL frisch gehackter Schnittlauch
- Salz
- frisch gemahlener schwarzer Pfeffer

1. Die Champignons gründlich waschen, putzen und die Stiele herausdrehen; diese anderweitig verwenden. Die Champignonköpfe mit einem Messer erst halbieren, anschließend in Scheiben schneiden. Die Scheiben in eine Schüssel geben.

2. Die Zwiebel abziehen, in kleine Würfel schneiden und zu den Champignons in die Schüssel geben. Die Mayonnaise sowie das Kurkumapulver hinzufügen und alles mit einem großen Löffel vermengen.

3. Den Schnittlauch waschen, trockenschütteln und hacken. ½ TL davon zum Garnieren beiseitestellen, den Rest unter den Salat mischen.

4. Den Salat mit Salz und Pfeffer abschmecken, mit dem übrigen Schnittlauch garnieren und servieren.

KARTOFFELSALAT

klassisch

Für 2 Beilagen-Portionen

550 g festkochende Kartoffeln
1 ½ TL Salz
½ rote Zwiebel
5 mittelgroße saure Gurken
70 g vegane Mayonnaise
1 EL Branntweinessig
frisch gemahlener schwarzer Pfeffer

Außerdem
einige Blätter frisches Basilikum

1. Die Kartoffeln gründlich waschen und schälen. Anschließend in einen großen Kochtopf geben und den Topf mit kaltem Wasser füllen, bis alle Kartoffeln gut bedeckt sind. 1 TL Salz hinzufügen und die Kartoffeln bei niedriger bis mittlerer Temperatur und geschlossenem Deckel je nach Größe etwa 20 Minuten garen. Am Ende der Garzeit mit einem Messer einstechen, um ihre Festigkeit zu prüfen. Sobald die Kartoffeln gar sind, abgießen und etwas abkühlen lassen.

2. Anschließend die Kartoffeln längs halbieren, in etwa 0,5 cm dünne Scheiben schneiden und die Scheiben in eine mittelgroße Schüssel geben.

3. Die Zwiebel abziehen, in kleine Würfel schneiden und zu den Kartoffeln geben. Die Gurken in dünne Scheiben schneiden und zusammen mit der Mayonnaise, dem Branntweinessig, dem restlichen Salz (½ TL) und einer Prise Pfeffer ebenfalls hinzufügen und alles miteinander vermengen.

4. Zum Schluss das Basilikum waschen, trockenschütteln, den Salat damit garnieren und servieren.

GURKENSALAT

mit Kichererbsen

Für 2 Beilagen-Portionen

- 1 Salatgurke
- 1/4 rote Zwiebel
- 4 EL gehackter frischer Dill
- 150 g Kichererbsen aus der Dose (Abtropfgewicht)
- 100 g ungesüßter Sojajoghurt
- 2 EL Kräuteressig
- 1 TL Salz
- frisch gemahlener schwarzer Pfeffer

1. Die Salatgurke waschen und die Enden abschneiden. Anschließend die Gurke mit einer Reibe oder Küchenmaschine in dünne Scheiben hobeln und die Scheiben in eine große Schüssel geben.

2. Die Zwiebel abziehen, vierteln und in etwa 2 mm dünne Scheiben schneiden. Mit 3 EL Dill zu den Gurkenscheiben geben. Den restlichen Dill (1 EL) für die Dekoration beiseitestellen.

3. Die Kichererbsen in ein Sieb abgießen. Anschließend kurz abspülen und abtropfen lassen.

4. Dann den Sojajoghurt, den Kräuteressig sowie die Kichererbsen hinzufügen und alles gut miteinander vermengen. Mit dem Salz und Pfeffer abschmecken.

5. Den Gurkensalat mit dem übrigen Dill dekorieren und bis zum Servieren abgedeckt im Kühlschrank aufbewahren.

KÜCHENTIPPS von Oma

Der Abfluss in der Spüle ist verstopft

Wenn in der Spüle nichts mehr abfließt: 2 Liter kochendes Wasser in den Abfluss zu gießen wirkt Wunder! Falls es sich um eine stärkere Verstopfung handeln sollte, kannst du auch 150 g Backpulver und 250 ml Essig nacheinander in die Spüle gießen. Nachdem die Mischung kurz eingewirkt hat, einfach mit heißem Wasser nachspülen. Dies kannst du auch zur Vorbeugung machen, bevor es überhaupt erst zur Verstopfung kommt.

Du möchtest die Etiketten von Gläsern entfernen

Um die Etiketten an Gläsern zu entfernen, erhitzt du etwas Öl und bestreichst die Etiketten großzügig damit. Nach einigen Minuten lassen sich diese wunderbar entfernen!

Das Schneidebrett wird nicht mehr richtig sauber

Wenn sich dein Schneidebrett verfärbt hat und auch hartnäckiges Schrubben nicht hilft, kannst du reichlich Zitronensaft und Salz über das Brett geben. Anschließend reibst du das Brett mit der Schnittstelle von ½ Zitrone ab. Um Keime zu vermeiden, empfiehlt es sich, Bretter immer sehr heiß abzuspülen und direkt abzutrocknen.

KÜRBISSALAT

mit Apfel und Walnusskernen

Für 4 Beilagen-Portionen

- ½ Hokkaidokürbis
- 2 ½ TL Salz
- 6 Walnusskerne
- 1 roter Apfel (z. B. Gala)
- 2 EL Zitronensaft
- 2 EL Apfelessig
- 2 EL Walnussöl
- frisch gemahlener schwarzer Pfeffer
- 5 kleine Zweige frischer Zitronenthymian

1. Den Kürbis waschen und mit einem großen Löffel die Kerne entfernen. Dann den Kürbis mit einem großen scharfen Messer in etwa 3 cm große Würfel schneiden. 1 Liter Wasser in einem großen Topf zum Kochen bringen und 2 TL Salz einrühren. Die Kürbiswürfel zugeben und bei mittlerer Temperatur und halb geöffnetem Deckel etwa 8 Minuten garen. Anschließend abgießen und die Kürbisstücke abkühlen lassen.

2. In der Zwischenzeit die Walnusskerne grob hacken und 1 TL davon für die Dekoration beiseitestellen. Den Apfel waschen, schälen, entkernen und in 2 cm große Würfel schneiden. Die Würfel mit 1 EL Zitronensaft beträufeln, damit sie sich nicht verfärben.

3. In einer kleinen Schüssel den Apfelessig, den restlichen Zitronensaft (1 EL), das Walnussöl, das restliche Salz (½ TL) und eine Prise Pfeffer zu einem Dressing vermengen.

4. Die Kürbiswürfel in eine große Schüssel füllen und mit dem Dressing übergießen. Den Zitronenthymian waschen, trockenschütteln und die Blättchen abzupfen. Ein paar für die Dekoration beiseitestellen, den Rest grob hacken und mit in die Schüssel geben. Die Apfelwürfel und gehackten Walnusskerne hinzufügen. Zuletzt alles vorsichtig miteinander vermengen.

5. Den Salat mit den übrigen Walnusskernen und dem restlichen Zitronenthymian garnieren und servieren.

SPARGELSALAT

mit Walnusskernen und Erdbeeren

Für 4 Beilagen-Portionen

Für den Salat

- 500 g grüner Spargel
- 1 TL Salz
- 6 Erdbeeren
- 6 Radieschen

Für das Dressing

- 1 EL Walnussöl
- 1 EL Apfelessig
- 2 EL Zitronensaft
- ½ TL Salz
- 1 Prise frisch gemahlener schwarzer Pfeffer

Außerdem

- 5 Walnusskerne

1. Für den Salat den Spargel waschen und nach Bedarf schälen. Die unteren holzigen Enden abtrennen und den Spargel in 3 cm lange Stücke schneiden. Wasser in einem großen Topf zum Kochen bringen und das Salz hinzufügen. Den Spargel bei mittlerer Temperatur 10 Minuten darin garen.

2. Die Erdbeeren und die Radieschen waschen und verlesen bzw. putzen. Anschließend die Erdbeeren vierteln und die Radieschen achteln.

3. Für das Dressing in der Zwischenzeit alle Zutaten in einer kleinen Schüssel miteinander verrühren.

4. Den Spargel abgießen, kurz abkühlen lassen und in eine separate mittelgroße Schüssel geben. Die Radieschen, die Erdbeeren und das Dressing hinzufügen und mit dem Spargel vermengen.

5. Zum Schluss die Walnusskerne mit einem großen Messer hacken, den Salat damit garnieren und servieren.

TIPP: Eine Balsamicocreme rundet den Spargelsalat geschmacklich perfekt ab.

KRAUTSALAT

klassisch

Für 6 Beilagen-Portionen

½ Weißkohl (etwa 1 kg)
100 ml Kräuteressig
100 ml Apfelessig
80 ml Rapsöl
70 g Rohrzucker
2 TL Salz
½ TL frisch gemahlener schwarzer Pfeffer
Außerdem
einige Blätter frische glatte Petersilie

1. Den Weißkohl waschen, halbieren und den Strunk mit einem großen Messer herausschneiden. Dann den Weißkohl in grobe Stücke schneiden. Die Stücke mithilfe einer Küchenmaschine oder Küchenreibe fein raspeln und die Stücke in eine große Schüssel geben.

2. Den Kräuteressig, den Apfelessig, das Rapsöl und den Rohrzucker hinzufügen und alles miteinander vermengen. Anschließend mit dem Salz und dem Pfeffer abschmecken.

3. Zum Schluss die Petersilie waschen, trockenschütteln, grob hacken und den Salat damit garnieren. Der Salat kann sofort serviert werden oder über Nacht abgedeckt im Kühlschrank ziehen.

HAUPTSPEISEN

Im folgenden Kapitel geht es um die herzhaften Hauptgerichte der Heimatküche, begonnen beim Jägerschnitzel bis hin zur Schnitte mit Zwiebelschmalz. Hier findest du Klassiker, aber auch die ein oder andere Besonderheit. Im Mittelpunkt der Rezepte stehen wichtige Eiweißlieferanten in Form von Hülsenfrüchten, Nüssen und Gemüse.

GRUNDREZEPT

Pizza-/Flammkuchenteig

Für 1 runde Pizza/ 1 runden Flammkuchen

100 g Weizenmehl Type 550 plus etwas mehr für die Arbeitsfläche
2 EL Olivenöl
½ TL Salz

1. Den Backofen auf 220 °C Ober-/Unterhitze vorheizen.

2. Das Mehl in eine große Schüssel sieben. Das Olivenöl, 50 ml lauwarmes Wasser und das Salz hinzufügen und alles mit den Händen mindestens 5 Minuten zu einem Teig verkneten.

3. Anschließend den Teig auf einer bemehlten Arbeitsfläche ausrollen, auf ein mit Backpapier ausgelegtes Backblech geben und nach Belieben belegen.

4. Die Pizza oder den Flammkuchen auf der untersten Schiene etwa 15 Minuten im Backofen backen.

GRUNDREZEPT
Béchamelsauce

Für etwa 600 ml
50 g vegane Margarine oder Rapsöl
40 g Weizenmehl Type 405
600 ml ungesüßter Mandeldrink

1. Die Margarine in einem mittelgroßen Topf bei mittlerer Temperatur erhitzen. Das Weizenmehl mit einem Holzlöffel einrühren und dann den Mandeldrink unter Rühren angießen.

2. Die Mischung unter Rühren mit einem Schneebesen aufkochen und köcheln lassen, bis die Sauce eine sämige Konsistenz hat.

JÄGERSCHNITZEL

mit Pilzsauce und Pommes

Für 2 Portionen

Für die Schnitzel
1 mittelgroße Zucchini
Salz
frisch gemahlener schwarzer Pfeffer
3 EL Weizenmehl Type 405
100 g Vollkornsemmelbrösel
60 g Kichererbsenmehl
3 EL Rapsöl

Für die Sauce
1 Zwiebel
200 g frische braune Champignons
1 EL Olivenöl
100 ml ungesüßter Mandeldrink
1 EL Weizenmehl Type 405
Salz
frisch gemahlener schwarzer Pfeffer

Außerdem
Pommes frites (Fertigprodukt)

1. Für die Schnitzel die Zucchini waschen und in etwa 1,5 cm breite Scheiben schneiden. Die Scheiben nebeneinander auf einen großen Teller legen und gleichmäßig von beiden Seiten mit etwas Salz bestreuen. Das Salz entzieht der Zucchini Flüssigkeit. Nach etwa 5 Minuten das ausgetretene Wasser mit einem Küchentuch abtupfen und die Zucchini erneut mit einer Prise Salz und mit etwas Pfeffer würzen.

2. In der Zwischenzeit die Pommes nach Packungsangaben zubereiten und beiseitestellen.

3. Drei kleine flache Schüsseln oder Teller für die Panade der Schnitzel bereitstellen. Das Mehl und die Semmelbrösel in je eine Schüssel geben. Die dritte Schüssel mit dem Kichererbsenmehl und etwa 120 ml Wasser füllen. Eine Prise Salz und Pfeffer hinzufügen und alles gut miteinander verrühren.

4. Die Zucchini nach Bedarf noch einmal abtupfen. Anschließend alle Scheiben einzeln hintereinander zuerst im Mehl wenden, sodass beide Seiten damit bedeckt sind. Dann mit zwei Gabeln durch die Kichererbsenmehl-Mischung ziehen und zuletzt in den Semmelbröseln wenden. Für eine extra dicke Panade werden die Zucchini doppelt paniert: Die Scheiben erneut durch die Kichererbsenmehl-Mischung ziehen, anschließend wieder in den Semmelbröseln wenden. Den Vorgang wiederholen, bis alle Scheiben paniert sind. Je nach Größe der Zucchini nach Bedarf Mehl oder Semmelbrösel nachfüllen.

5. Das Rapsöl in einer großen beschichteten Pfanne bei mittlerer Temperatur erhitzen, die panierten Zucchinischeiben von beiden Seiten darin goldbraun anbraten und beiseitestellen.

6. Für die Sauce die Zwiebel abziehen und in kleine Würfel schneiden. Die Champignons gründlich waschen, putzen, halbieren und in Scheiben schneiden. Das Olivenöl in einem kleinen Topf erhitzen. Die Zwiebel und Champignons darin anschwitzen. Mit dem Mandeldrink ablöschen. Das Mehl einrühren und die Sauce unter Rühren kurz aufkochen lassen. Anschließend mit Salz und Pfeffer abschmecken.

7. Zum Schluss die Pommes, die Jägerschnitzel und die Sauce jeweils nebeneinander auf zwei Teller verteilen und servieren.

ROSTFREI

KOHLROULADEN

mit Kichererbsen-Bohnen-Füllung

Für 6 Stück

- 255 g Kichererbsen aus der Dose (Abtropfgewicht)
- 265 g Kidneybohnen aus der Dose (Abtropfgewicht)
- 1 Zwiebel
- 2 EL Olivenol
- 1 mittelgroße Karotte
- 100 g Walnusskerne
- Salz
- frisch gemahlener schwarzer Pfeffer
- 6 große Wirsingblätter

Außerdem

- Küchengarn

1. Die Kichererbsen und die Bohnen in ein Sieb abgießen. Anschließend kurz abspülen und abtropfen lassen.
2. Die Zwiebel abziehen und in kleine Würfel schneiden. 1 EL Olivenöl in einer großen Pfanne bei mittlerer Temperatur erhitzen und die Zwiebel kurz darin anschwitzen. Die Kichererbsen und Kidneybohnen zugeben und anbraten.
3. Die Karotte waschen, schälen und in dünne Scheiben schneiden. Die Walnusskerne hacken. Die Karottenscheiben und gehackten Walnusskerne mit in die Pfanne geben und alles unter gelegentlichem Rühren etwa 10 Minuten anbraten.
4. Die Pfanne vom Herd nehmen. Die Mischung mit einem Stabmixer leicht pürieren, sodass gröbere Stücke erhalten bleiben. Zuletzt mit Salz und Pfeffer abschmecken.
5. Den Backofen auf 180 °C Ober-/Unterhitze vorheizen.
6. Die Wirsingblätter waschen und mit einem großen Messer den Strunk keilförmig herausschneiden und entfernen. Wasser in einem großen Topf erhitzen und die Wirsingblätter nacheinander wenige Minuten darin blanchieren.
7. Die Mischung für die Füllung in sechs Portionen aufteilen und jeweils mittig auf den Blättern in der Nähe der Stelle des herausgeschnittenen Strunks platzieren. Dann zuerst die Seiten der Blätter einschlagen, danach die Blätter zu Rouladen aufrollen und mit Küchengarn fixieren.
8. Die Rouladen in eine feuerfeste Auflaufform legen und mit dem restlichen Olivenöl (1 EL) bepinseln. Mit jeweils einer Prise Salz und Pfeffer bestreuen und etwa 25 Minuten im Ofen garen.
9. Anschließend die Rouladen herausnehmen und sofort servieren.

TIPP: Dazu passen als Beilage der Kartoffelbrei von Seite 92 oder die Kartoffelpuffer von Seite 78.

PILZ-JACKFRUIT-GULASCH

mit Reis

Für 4 Portionen

- 240 g Vollkornreis
- 1 Zwiebel
- 1 EL Olivenöl
- 250 g Jackfruit aus der Dose (Abtropfgewicht)
- 200 g frische braune Champignons
- 800 g stückige Tomaten aus der Dose (Abtropfgewicht)
- 2 EL Tomatenmark
- 100 ml Rotwein
- 1 EL Branntweinessig
- 3 EL edelsüßes Paprikapulver
- 1 TL getrockneter Oregano
- 1 TL getrockneter Majoran
- 1 TL getrockneter Thymian
- 1 TL Gemüsebrühpulver
- 1 EL Rohrohrzucker

Außerdem

- einige Blätter frische glatte Petersilie

1. Den Reis in einem großen Topf nach Packungsanweisung zubereiten und beiseitestellen.

2. Inzwischen die Zwiebel abziehen und in kleine Würfel schneiden. Das Olivenöl in einer großen Pfanne bei mittlerer Temperatur erhitzen und die Zwiebel darin anschwitzen.

3. Die Jackfruit in ein Sieb abgießen. Die Champignons gründlich waschen, putzen, halbieren und in Scheiben schneiden. Die Jackfruit und die Champignons in die Pfanne zu den Zwiebeln geben und etwa 10 Minuten unter Rühren darin anbraten, bis die Flüssigkeit verdampft ist. Dann die stückigen Tomaten und das Tomatenmark bei niedriger bis mittlerer Temperatur unter Rühren zugeben.

4. Anschließend die restlichen Zutaten bis auf die Petersilie hinzufügen und alles gut miteinander vermischen. Etwa 20 Minuten bei mittlerer Temperatur köcheln lassen, dabei gelegentlich umrühren.

5. Zum Schluss die Petersilie waschen und trockenschütteln. Den Reis auf tiefe Teller verteilen, das Gulasch neben dem Reis anrichten, mit der Petersilie garnieren und servieren.

ZWIEBELKUCHEN

rot-weiß

Für 1 Pieform (32 cm Ø)

Für den Belag
- 200 g naturbelassene Cashewkerne
- 1 EL Sonnenblumenöl
- 1 EL Apfelessig
- 2 EL Branntweinessig
- 80 ml ungesüßter Mandeldrink
- 1 gestr. TL Salz
- frisch gemahlener schwarzer Pfeffer
- frisch geriebene Muskatnuss
- 4 rote Zwiebeln
- 4 weiße Zwiebeln

Für den Teig
- 200 ml ungesüßter Mandeldrink
- 7 g Trockenhefe
- 400 g Weizenmehl Type 405 plus etwas mehr für die Arbeitsfläche
- 1 TL Salz
- 3 TL Olivenöl plus 1 EL mehr für die Form

1. Für den Belag die Cashewkerne in eine Schüssel geben. Die Kerne mit Wasser bedecken und mindestens 1 Stunde einweichen.

2. Für den Teig den Mandeldrink in einem kleinen Topf bei mittlerer Temperatur erhitzen, dabei darauf achten, dass der Drink nur lauwarm und nicht zu heiß wird. Anschließend den Topf vom Herd nehmen und die Trockenhefe einrühren, bis sie sich vollständig aufgelöst hat.

3. Das Mehl in eine große Schüssel sieben. Die Mandeldrink-Hefe-Mischung sowie das Salz und das Olivenöl zugeben. Alles mit den Knethaken des Handrührgeräts zu einem glänzenden Teig verkneten. Den Teig an einem warmen Ort abgedeckt etwa 30 Minuten gehen lassen.

4. In der Zwischenzeit den Belag fertigstellen. Dafür die eingeweichten Cashewkerne abgießen und in eine mittelgroße Schüssel geben. Das Sonnenblumenöl, den Apfel- und Branntweinessig, den Mandeldrink sowie das Salz, je eine Prise Pfeffer und Muskatnuss hinzufügen und alles mit einem Stabmixer zu einer glatten Creme pürieren.

5. Die Zwiebeln abziehen, halbieren und in feine Ringe schneiden. Die Ringe anschließend mit der Cashewcreme vermengen.

6. Den Backofen auf 200 °C Ober-/Unterhitze vorheizen.

7. Auf einer bemehlten Arbeitsfläche den Teig etwas größer als die Pieform ausrollen. Die Form mit dem restlichen Olivenöl (1 EL) auspinseln. Den Teig in der Form verteilen, an den Rändern festdrücken und mit einer großen Gabel mehrfach einstechen. Dann den Cashew-Zwiebel-Belag auf dem Teig verteilen, leicht festdrücken und den Kuchen etwa 40 Minuten im vorgeheizten Ofen backen. Sollten die Zwiebeln zu braun werden, den Kuchen gegen Ende der Backzeit mit Aluminiumfolie abdecken.

8. Anschließend den Zwiebelkuchen aus dem Ofen nehmen und sofort servieren.

KÜCHENTIPPS
von Oma

Das Essen ist zu scharf gewürzt
Die Chilischote war doch etwas pikanter als gedacht und nun ist deine Mahlzeit zu scharf gewürzt? Abhilfe schaffen pflanzliche Sahne, Wein oder Brühe.

In deiner Küche hat sich ein unangenehmer Kohlgeruch verbreitet
Wenn beim Kochen von Kohl unangenehme Gerüche auftreten, kannst du einfach ein Glas Pflanzendrink in den Topf gießen, in dem der Kohl gegart wird. Dieser mildert das starke Kohlaroma.

Die Auberginen verfärben sich nach dem Schneiden
Auberginen zeichnet normalerweise ein weißes Fruchtfleisch aus. Wird die Aubergine geschnitten, verfärbt sie sich rasch durch Oxidation. Um das zu unterbinden, kannst du die geschnittenen Scheiben mit etwas Olivenöl bestreichen. So behalten sie ihre helle Farbe.

Das Gemüse wird beim Anbraten nicht richtig knackig
Entscheidend ist hier das Fett, mit welchem du das Gemüse anbrätst. Besonders geeignet sind dafür Öle mit einem hohen Rauchpunkt. Raffinierte Öle haben meist einen höheren Rauchpunkt als nicht raffinierte und eignen sich daher besser zum Braten. Raffiniertes Rapsöl lässt somit Gemüse beim Anbraten schön knackig werden.

SCHUPFNUDELN

mit Rote-Bete-Pesto

Für 4 Portionen

Für die Schupfnudeln
- 450 g mehligkochende Kartoffeln
- Salz
- 120 g Weizenmehl Type 550
- 1 EL Olivenöl

Für das Pesto
- 2 EL Walnussöl
- 400 g vorgekochte Rote Bete
- 1 Knoblauchzehe
- 80 g Walnusskerne
- 40 g Sonnenblumenkerne
- 1 TL Hefeflocken
- 1 EL Zitronensaft
- Salz
- frisch gemahlener schwarzer Pfeffer

Außerdem
- 2 Champignons
- 1 TL Olivenöl
- Salz
- einige Blätter frischer Oregano

1. Die Kartoffeln waschen und schälen. Einen großen Topf mit Wasser füllen, etwas Salz zugeben und die Kartoffeln etwa 20 Minuten darin gar kochen. Anschließend das Wasser abgießen und die Kartoffeln mit einem Kartoffelstampfer oder einer Gabel zerdrücken.

2. Das Mehl in eine große Schüssel sieben und die gestampften Kartoffeln sowie etwas Salz zugeben. Dann die Masse mit den Knethaken des Handrührgeräts zu einem Teig verkneten. Den Teig mit den Händen zu kleinen Schupfnudeln formen.

3. Reichlich Wasser zusammen mit einer Prise Salz in einem großen Topf zum Kochen bringen. Die Schupfnudeln hineingleiten lassen und etwa 5 Minuten bei mittlerer Temperatur garen lassen. Anschließend mit einer Schaumkelle herausnehmen und kurz trocknen lassen.

4. Das Olivenöl in einer großen Pfanne bei mittlerer Temperatur erhitzen und die Schupfnudeln darin wenige Minuten von allen Seiten goldbraun anbraten.

5. Für das Pesto alle Zutaten im Mixer pürieren und nach Bedarf noch einmal mit Salz und Pfeffer abschmecken.

6. Die Champignons waschen, putzen und in dünne Scheiben schneiden. Das Olivenöl in einer separaten Pfanne bei mittlerer Temperatur erhitzen und die Pilze von beiden Seiten darin knusprig anbraten. Anschließend mit Salz würzen.

7. Zum Schluss den Oregano waschen und trockenschütteln. Die Schupfnudeln auf Tellern verteilen und das Pesto darübergeben. Mit den Champignons anrichten und mit dem Oregano dekoriert servieren.

Falscher HASE

Für 1 Kastenform (24 x 10 cm)

Für den Teig

- 100 g Hirse
- 35 g getrocknete Berglinsen
- 220 g Kichererbsen aus dem Glas (Abtropfgewicht)
- 1 Zwiebel
- 50 g Walnusskerne
- 2 EL Maisstärke
- 2 TL Salz
- frisch gemahlener schwarzer Pfeffer

Für die Sauce

- 150 ml Gemüsebrühe (siehe Seite 16)
- 2 EL Tomatenmark
- ½ TL Senf
- 1 EL Weizenmehl Type 405
- Salz
- frisch gemahlener schwarzer Pfeffer

Außerdem

- Rapsöl für die Form
- einige Blätter frische glatte Petersilie

TIPP: Dazu passen als Beilage Salzkartoffeln oder der Kartoffelbrei von Seite 92.

1. Für den Teig die Hirse und die Berglinsen waschen, mit reichlich Wasser in einem großen Topf aufkochen lassen und 20 Minuten bei niedriger Temperatur garen. Anschließend in ein Sieb abgießen, einige Minuten abtropfen lassen und dann in eine große Schüssel füllen. Die Kichererbsen in ein Sieb abgießen, abspülen, ebenfalls abtropfen lassen und hinzufügen.

2. Die Zwiebel abziehen und grob in Würfel schneiden. Die Walnusskerne grob hacken. Die Zwiebelwürfel, die Walnusskerne, die Maisstärke, das Salz und eine Prise Pfeffer in die Schüssel geben.

3. Den Backofen auf 220 °C Ober-/Unterhitze vorheizen.

4. Mit einem Stabmixer alle Zutaten in der Schüssel grob pürieren. Die Kastenform mit dem Rapsöl auspinseln. Anschließend den Teig darin verteilen, glatt streichen und etwa 60 Minuten im vorgeheizten Ofen backen. Am Ende der Backzeit mit einem Holzstäbchen prüfen, ob die Masse schon durchgegart ist. Falls die Masse am Stäbchen kleben bleibt, den falschen Hasen noch einige Minuten weiterbacken. Gegen Ende der Backzeit die Oberfläche mit Backpapier abdecken, sollte die Kruste schon zu dunkel werden. Den fertig gebackenen falschen Hasen herausnehmen und vollständig abkühlen lassen.

5. Für die Sauce die Gemüsebrühe in einem kleinen Topf bei mittlerer Temperatur zum Kochen bringen. Das Tomatenmark und den Senf unterrühren. Das Mehl untermischen und die Sauce etwa 5 Minuten köcheln lassen. Anschließend mit Salz und Pfeffer abschmecken.

6. Zum Schluss die Petersilie waschen und trockenschütteln. Den Falschen Hasen auf einer Servierplatte anrichten, in der Mitte mit der Sauce übergießen, mit der Petersilie dekorieren und servieren.

MAULTASCHEN

mit Tomaten-Creme-Füllung

Für 2 Portionen

Für die Füllung
- 100 g Cashewkerne
- 1 EL Apfelessig
- 1 EL Branntweinessig
- 50 ml ungesüßter Haferdrink
- ½ TL Salz
- 1 TL Sonnenblumenöl
- 50 g in Öl und Kräuter eingelegte getrocknete Tomaten

Für den Teig
- 100 g Weizenmehl Type 550 plus etwas mehr für die Arbeitsfläche
- 100 g Hartweizengrieß
- ½ TL Salz
- 1 EL Olivenöl

1. Für die Füllung zunächst die Cashewkerne mit reichlich Wasser in einer Schüssel mindestens 1 Stunde einweichen.

2. Für den Teig das Mehl in eine große Schüssel sieben. Die restlichen Zutaten sowie 100 ml lauwarmes Wasser zugeben und alles mit den Knethaken des Handrührgeräts etwa 5 Minuten verkneten. Den Teig abgedeckt im Kühlschrank etwa 30 Minuten ruhen lassen.

3. In der Zwischenzeit die Cashewkerne abgießen und zurück in die Schüssel geben. Die restlichen Zutaten für die Füllung hinzufügen und alles mit einem Stabmixer zu einer cremigen Masse pürieren.

4. Den Nudelteig aus dem Kühlschrank nehmen und erneut kurz durchkneten. Anschließend auf einer gut bemehlten Arbeitsfläche sehr dünn ausrollen und mit einem Nudelrädchen etwa 6 x 6 cm große Quadrate daraus schneiden.

5. Die Füllung auf die Hälfte der Teigquadrate verteilen und jeweils mittig platzieren. Dann jeweils ein Quadrat ohne Füllung auf eines mit Füllung legen. Den Vorgang wiederholen, bis alle Quadrate aufgebraucht sind. Mit den Fingern die Ränder gut zusammendrücken, die Füllung sollte dabei nicht an den Rändern herausquellen. Bei Bedarf den Teig am Rand umschlagen.

6. In einem großen Topf Wasser mit etwas Salz zum Kochen bringen. Die Maultaschen langsam von der Arbeitsfläche lösen und nacheinander vorsichtig in den Topf gleiten lassen. Etwa 10 Minuten kochen lassen, bis sie an der Wasseroberfläche schwimmen.

Außerdem
1 EL Olivenöl zum Anbraten
3 in Öl und Kräuter eingelegte getrocknete Tomaten
1 Handvoll Rucola
Salz

7. In der Zwischenzeit das Olivenöl in einer großen beschichteten Pfanne erhitzen. Die fertig gegarten Maultaschen mit einer Schaumkelle aus dem Topf nehmen, abtropfen lassen und in der Pfanne bei mittlerer Temperatur von beiden Seiten anbraten.

8. Zum Schluss die getrockneten Tomaten in kleine Stücke schneiden. Den Rucola waschen und trockenschütteln. Die angebratenen Maultaschen auf Tellern anrichten, mit jeweils der Hälfte der getrockneten Tomaten und dem Rucola garnieren und servieren.

KARTOFFELPUFFER

klassisch

Für 2 Portionen

Für die Puffer
- 800 g mehligkochende Kartoffeln
- 3 EL gemischte TK-Kräuter
- 3 EL Maisstärke
- 1 TL Salz
- frisch gemahlener schwarzer Pfeffer
- etwa 4 EL Rapsöl

Für den Dip
- 200 g ungesüßter Sojajoghurt
- 1 EL Kräuteressig
- Salz
- frisch gemahlener schwarzer Pfeffer
- einige Spitzen frischer Dill

1. Für die Puffer die Kartoffeln waschen, schälen, halbieren und mithilfe einer Küchenmaschine oder einer Küchenreibe grob reiben. Anschließend in eine Schüssel geben. Die Kräuter, die Stärke, das Salz und eine Prise Pfeffer hinzufügen und alles miteinander vermengen.

2. Anschließend 2 EL Rapsöl in einer großen Pfanne bei mittlerer Temperatur erhitzen. Jeweils 2 EL der Kartoffelmischung in die Pfanne geben und mit einem Löffel leicht zu einem Puffer andrücken. Je nach Größe der Pfanne weitere Kartoffelpuffer auf die gleiche Weise darin verteilen und alle von beiden Seiten bei mittlerer Temperatur goldbraun anbraten, jeweils unter Zugabe von etwas Rapsöl. Den Vorgang wiederholen, bis die Kartoffelpuffer-Masse aufgebraucht ist.

3. Für den Dip den Sojajoghurt und den Kräuteressig in einer kleinen Schüssel verrühren. Mit Salz und Pfeffer abschmecken. Den Dill waschen, trockenschütteln und den Dip damit garnieren.

4. Die Kartoffelpuffer auf Tellern anrichten, den Dip in der kleinen Schale separat dazu reichen und servieren.

SPINATSPÄTZLE

mit Tomatencremesauce

Für 2 Portionen

Für den Teig

150 g gehackter TK-Spinat
200 g Weizenmehl Type 550
40 g Hartweizengrieß
1 EL Sonnenblumenöl
2 TL Salz
250 ml Mineralwasser mit Kohlensäure

Für die Sauce

1 Zwiebel
20 ml Rapsöl
4 mittelgroße Tomaten
20 g Weizenmehl Type 550
200 ml ungesüßter Mandeldrink
Salz
frisch gemahlener schwarzer Pfeffer

Außerdem

einige Blätter frisches Basilikum
2 EL Pinienkerne

1. Für den Teig den Spinat mit 2 EL Wasser in einem kleinen Topf bei mittlerer Temperatur unter Rühren erhitzen. Alle weiteren Zutaten für den Teig in eine große Schüssel geben. Den Spinat hinzufügen und die Mischung mit den Rührbesen des Handrührgeräts zu einem Teig vermengen.

2. Einen großen Topf zur Hälfte mit Wasser füllen. Das Wasser bei mittlerer Temperatur zum Kochen bringen. Den Teig durch eine Spätzlereibe in das Wasser gleiten lassen. Sobald die Spätzle an der Wasseroberfläche schwimmen, mit einer Schaumkelle abnehmen. Den Vorgang wiederholen, bis der Teig aufgebraucht ist, und die Spätzle beiseitestellen.

3. Für die Sauce die Zwiebel abziehen und in kleine Würfel schneiden. Das Rapsöl in einem kleinen Topf erhitzen und die Zwiebel darin anschwitzen. Die Tomaten waschen und in kleine Stücke schneiden.

4. Die fertig angeschwitzten Zwiebeln gut mit dem Mehl verrühren. Anschließend zuerst den Mandeldrink angießen, danach die Tomaten untermischen. Die Sauce bei mittlerer Temperatur kurz aufkochen, dann etwa 5 Minuten köcheln lassen. Mit Salz und Pfeffer abschmecken.

5. Zum Schluss das Basilikum waschen und trockenschütteln. Die Pinienkerne in einer Pfanne ohne Fett bei niedriger Temperatur anrösten. Die Spätzle auf Tellern anrichten und die Sauce darübergeben. Mit dem Basilikum und den Pinienkernen dekorieren und servieren.

KARTOFFELSPALTEN

aus dem Ofen

Für 2 Hauptspeise-Portionen oder 4 Beilage-Portionen

800 g mehligkochende Kartoffeln
1 Zweig frischer Rosmarin
2 EL Olivenöl
1 TL Salz
½ TL frisch gemahlener schwarzer Pfeffer

Außerdem
4 EL BBQ-Sauce

1. Den Backofen auf 220 °C Ober-/Unterhitze vorheizen.

2. Die Kartoffeln waschen und mit einem großen Messer der Länge nach achteln. Die Spalten anschließend in eine große Schüssel geben.

3. Den Rosmarin waschen, trockenschütteln, die Nadeln abzupfen und ein paar davon für die Dekoration beiseitestellen. Die übrigen Nadeln mit einem Messer fein hacken und in die Schüssel zu den Kartoffeln streuen. Das Olivenöl, das Salz und den Pfeffer hinzufügen und alles gut miteinander vermengen.

4. Die Kartoffelspalten auf ein mit Backpapier ausgelegtes Blech geben und 20 Minuten auf mittlerer Schiene im vorgeheizten Ofen backen. Nach 20 Minuten das Blech aus dem Ofen nehmen und die Spalten mit einem Pfannenwender wenden. Zurück in den Ofen schieben und weitere 10 Minuten backen.

5. Zum Schluss die Kartoffelspalten in tiefen Tellern anrichten, mit dem übrigen Rosmarin garnieren, die BBQ-Sauce in einem separaten Schälchen dazu reichen und servieren.

KARTOFFELGRATIN

mit Rosmarin

Für 4 Portionen

- 800 g festkochende Kartoffeln
- 70 ml Rapsöl
- 40 g Weizenmehl Type 550
- 600 ml ungesüßter Mandeldrink
- frisch geriebene Muskatnuss
- 3 TL Salz
- ½ TL frisch gemahlener schwarzer Pfeffer
- 1 Zweig frischer Rosmarin
- 150 g veganer Streukäse

1. Die Kartoffeln waschen, schälen und mit einem Gemüsehobel oder der Küchenmaschine in dünne Scheiben schneiden.

2. Den Backofen auf 180 °C Ober-/Unterhitze vorheizen.

3. Das Rapsöl in einem mittelgroßen Topf bei mittlerer Temperatur erhitzen. Das Mehl unter Rühren einstreuen. Den Mandeldrink angießen. Die Sauce unter Rühren aufkochen und wenige Minuten köcheln lassen. Mit einer Prise Muskatnuss, dem Salz und dem Pfeffer würzen.

4. Den Rosmarin waschen, trockenschütteln, die Nadeln abzupfen und ein paar davon für die Dekoration beiseitestellen. Die restlichen Nadeln fein hacken.

5. Die Kartoffelscheiben, die vorbereitete Sauce und den Rosmarin in einer Auflaufform miteinander vermengen. Alles gleichmäßig mit dem Käse bestreuen und etwa 30 Minuten auf mittlerer Schiene im vorgeheizten Ofen backen.

6. Das Gratin aus dem Ofen nehmen, mit den restlichen Rosmarinnadeln dekorieren und servieren.

KÜCHENTIPPS von Oma

Die Schale lässt sich nicht vom Knoblauch ablösen

Wenn sich der Knoblauch schwer abziehen lässt, kannst du ihn vor dem Schälen ganz einfach in heißes Wasser legen. Anschließend lässt sich die Schale ganz einfach von der Zehe lösen.

Die Instant-Gemüsebrühe ist klumpig geworden

Sollte die Packung Gemüsebrühe schon etwas länger geöffnet sein, zieht sie schnell Feuchtigkeit aus der Luft, was dann zu kleinen Klümpchen führen kann. Um dies zu vermeiden, kannst du einfach Reiskörner mit in die Dose geben, in der du das Brühpulver aufbewahrst. Die Reiskörner nehmen die Feuchtigkeit auf und das Pulver bleibt schön locker. Fülle sie in einen Teebeutel, bevor du sie in die Dose legst, so lassen sie sich dann ganz einfach wieder entfernen.

Der Salzstreuer ist verstopft

Ähnlich wie beim Pulver für die Gemüsebrühe kannst du auch hier ein paar Reiskörner in den Streuer geben, welche die Feuchtigkeit aufnehmen und verhindern, dass das Salz Klümpchen bildet und nicht mehr streufähig ist. Da die Reiskörner in der Regel ohnehin größer als die Öffnungen des Streuers sind, benötigst du kein separates Behältnis für sie.

RAACHER MAAD

klassisch erzgebirgisch

Für 2 Portionen

500 g festkochende Kartoffeln
8 EL Rapsöl
Salz

Außerdem
einige Blätter frische glatte Petersilie

1. Die Kartoffeln gründlich waschen und mit Schale gar kochen. Anschließend abkühlen lassen, pellen und mit einer Küchenreibe in eine große Schüssel raspeln.

2. 2 EL Öl in einer kleinen beschichteten Pfanne bei mittlerer Temperatur erhitzen. Ein Viertel der geriebenen Kartoffeln in die Pfanne geben und mit einem großen Löffel bis zum Rand festdrücken. Mit etwas Salz bestreuen. Die Raacher Maad dann von nur einer Seite goldbraun anbraten. Anschließend auf einen Teller stürzen. Dazu den Teller auf die Pfanne legen und beides zusammen wenden.

3. Den Vorgang wiederholen, bis die Kartoffeln aufgebraucht sind. Sie sollten je nach Größe der Pfanne etwa 4 Raacher Maad ergeben.

4. Zum Schluss die Petersilie waschen und trockenschütteln. Die Raacher Maad auf Tellern anrichten, mit der Petersilie dekorieren und servieren.

TIPP: Raacher Maad schmeckt am besten pur mit Salz oder Apfelmus. Der Begriff »Raacher Maad« bedeutet so viel wie »rauchendes Mädchen«. Wendet man sie zu spät, beginnt die Maad zu rauchen. Das Rezept eignet sich auch für am Vortag gekochte Kartoffeln.

BOHNEN-FRIKADELLEN

mit Kartoffelbrei

Für 4 Portionen (etwa 12 Frikadellen)

Für die Frikadellen

- 255 g Kidneybohnen aus der Dose (Abtropfgewicht)
- 265 g Kichererbsen aus der Dose (Abtropfgewicht)
- 1 Zwiebel
- 30 g zarte Haferflocken
- 1 EL Maisstärke
- 1 TL Salz
- frisch gemahlener schwarzer Pfeffer
- 30 g Vollkornsemmelbrösel
- 4 EL Rapsöl

Für den Kartoffelbrei

- 1 kg mehligkochende Kartoffeln
- 400 ml ungesüßter Mandeldrink
- 20 ml desodoriertes Kokosöl
- Salz
- frisch gemahlener schwarzer Pfeffer
- frisch geriebene Muskatnuss

1. Für die Frikadellen die Kidneybohnen und die Kichererbsen in ein Sieb abgießen, abspülen und abtropfen lassen. Die Zwiebel abziehen und in kleine Würfel schneiden. Die Kidneybohnen, Kichererbsen und Zwiebelwürfel in eine mittelgroße Schüssel geben. Die Haferflocken, die Maisstärke, Salz und etwas Pfeffer hinzufügen und alles mit einem Stabmixer grob pürieren.

2. Aus der Masse mit den Händen etwa zwölf Bällchen formen und diese leicht flach zu Frikadellen drücken. Die Semmelbrösel in eine flache Schüssel geben und die Frikadellen mit leichtem Druck in den Semmelbröseln wenden.

3. Das Rapsöl in einer großen beschichteten Pfanne bei mittlerer Temperatur erhitzen. Die Frikadellen von beiden Seiten darin goldbraun anbraten und danach warm halten.

4. In der Zwischenzeit den Kartoffelbrei zubereiten. Dafür die Kartoffeln waschen, schälen und in etwa 3 cm große Würfel schneiden. Reichlich Wasser in einem mittelgroßen Topf erhitzen und die Kartoffelwürfel bei mittlerer Temperatur etwa 15 Minuten darin garen. Anschließend den Topf vom Herd nehmen, die Kartoffeln abgießen und mit einem Kartoffelstampfer oder einer Gabel zerdrücken.

5. Den Mandeldrink in einem separaten kleinen Topf bei mittlerer Temperatur zum Kochen bringen. Das Kokosöl darin schmelzen. Dann 1 TL Salz, je eine Prise Pfeffer und Muskatnuss einrühren und die Mischung zu den gestampften Kartoffelwürfeln in den Topf geben. Sofort alles mit einem Schneebesen zu einem Brei verrühren. Nach Bedarf erneut mit Salz und Pfeffer abschmecken und den Kartoffelbrei beiseitestellen.

Außerdem

1 TL TK-Schnittlauch
1 EL Rapsöl
1 Zwiebel
2 EL Senf

6. Zum Schluss den Schnittlauch auftauen lassen. In einer kleinen Pfanne das Rapsöl erhitzen. Die Zwiebel abziehen, in Ringe schneiden und die Zwiebelringe in der Pfanne bei mittlerer Temperatur goldbraun anschwitzen.

7. Den Kartoffelbrei und die Frikadellen auf Tellern anrichten. Die Zwiebelringe und den Schnittlauch über den Kartoffelbrei streuen. Den Senf separat dazu reichen und alles servieren.

OFENKARTOFFELN

mit Kräuterquark

Für 2 Portionen

Für die Ofenkartoffeln
- 8 mittelgroße mehligkochende Kartoffeln
- 2 EL Olivenöl
- Salz

Für den Quark
- 400 g ungesüßter Sojaquark
- ½ TL Salz
- frisch gemahlener schwarzer Pfeffer
- 2 EL Kräuteressig
- 1 Bund frischer Schnittlauch
- 6 Radieschen

Außerdem
- einige Spitzen frischer Dill

1. Den Backofen auf 220 °C Ober-/Unterhitze vorheizen.

2. Für die Ofenkartoffeln die Kartoffeln gründlich waschen und trocken tupfen. Auf einem mit Backpapier ausgelegten Blech verteilen und mit dem Olivenöl beträufeln oder bepinseln. Die Kartoffeln mit etwas Salz bestreuen und etwa 45 Minuten auf der mittleren Schiene im Ofen backen. Gegen Ende der Backzeit mit einem Spieß oder Messer prüfen, ob sie gar sind; nach Bedarf länger backen.

3. In der Zwischenzeit den Quark zubereiten. Dafür den Sojaquark in eine Schüssel geben. Das Salz, etwas Pfeffer und den Kräuteressig hinzufügen.

4. Den Schnittlauch waschen, gut trockenschütteln und in feine Röllchen schneiden. Die Radieschen waschen, putzen, halbieren und in feine Streifen schneiden. Beides ebenfalls in die Schüssel geben und alles gut miteinander vermengen.

5. Zum Schluss den Dill waschen und trockenschütteln. Die Ofenkartoffeln mit dem Kräuterquark daneben auf Tellern anrichten, den Quark mit dem Dill garnieren und alles servieren.

FLAMMKUCHEN

mit Paprika

Für 2 runde Flammkuchen

Für die Creme
150 g Cashewkerne
1 EL Apfelessig
2 EL Branntweinessig
100 ml ungesüßter Haferdrink
1 EL Sonnenblumenöl
Salz
frisch gemahlener schwarzer Pfeffer

Für den Teig
200 g Weizenmehl Type 550 plus etwas mehr für die Arbeitsfläche
4 EL Olivenöl
1 TL Salz

Für den Belag
½ orange Paprikaschote
1 rote Zwiebel
1 kleiner Zweig Zitronenthymian

1. Für die Creme die Cashewkerne in einer mit Wasser gefüllten Schüssel mindestens 1 Stunde einweichen. Anschließend abgießen und zurück in die Schüssel geben. Dann den Apfelessig, den Branntweinessig, den Haferdrink sowie das Sonnenblumenöl hinzufügen. Mit einem Stabmixer alles gründlich pürieren. Mit Salz und Pfeffer abschmecken.

2. Für den Teig das Mehl in eine große Schüssel sieben. 100 ml Wasser, das Olivenöl und das Salz hinzufügen und alles mit den Händen mindestens 5 Minuten gründlich verkneten.

3. Den Backofen auf 220 °C Ober-/Unterhitze vorheizen.

4. Den Teig halbieren und auf einer bemehlten Arbeitsfläche zu zwei Flammkuchen ausrollen. Die Flammkuchen auf ein mit Backpapier ausgelegtes Blech geben und mit der Creme bestreichen. Dabei den Rand aussparen, nach Belieben den Rand einrollen.

5. Für den Belag die Paprika waschen, putzen und in dünne Streifen schneiden. Die Zwiebel abziehen und in Ringe schneiden. Beides gleichmäßig auf der Creme verteilen. Die Flammkuchen auf der untersten Schiene im vorgeheizten Ofen etwa 15 Minuten backen.

6. Zum Schluss den Thymian waschen, trockenschütteln und die Blättchen abzupfen. Die Flammkuchen aus dem Ofen nehmen, mit den Blättchen garnieren und servieren.

TIPP: Für besonders aromatische, knusprige Flammkuchen und Pizzas braucht es eine höhere Backtemperatur, als bei klassischen Öfen erreicht wird. Am besten eignet sich hierfür ein spezieller Pizzaofen mit Pizzastein. Die Backdauer beträgt dann bei 300 °C nur 5 Minuten.

Feines
ZWIEBELSCHMALZ

Für 1 Glas (etwa 250 g)

¼ Apfel
½ Zwiebel
150 ml desodoriertes Kokosfett
50 ml Rapsöl
½ TL Salz
getrockneter Majoran
frisch gemahlener schwarzer Pfeffer

Außerdem
Brot

1. Den Apfel waschen, schälen und entkernen. Die Zwiebel abziehen. Anschließend beides sehr fein hacken. Dann 75 ml Kokosfett in einem kleinen Topf bei mittlerer Temperatur erhitzen und die Zwiebel- und Apfelstücke unter gelegentlichem Rühren darin goldbraun anbraten.

2. Das restliche Kokosfett (75 ml), das Rapsöl sowie das Salz und je eine Prise Majoran und Pfeffer untermischen. Das Zwiebelschmalz vom Herd nehmen und in ein Glas füllen. Unter gelegentlichem Rühren erst bei Raumtemperatur und dann im Kühlschrank auskühlen lassen.

3. Zum Anrichten das Brot mit dem Zwiebelschmalz bestreichen und servieren.

TIPP: Die perfekte Streichfähigkeit erreicht das Zwiebelschmalz ein paar Minuten nachdem es aus dem Kühlschrank geholt wurde.

SÜSSSPEISEN

Von Milchreis mit Himbeeren und Karamellsauce bis zu Apfelküchle: Im folgenden Kapitel zeige ich dir meine Favoriten unter den Süßspeisen. Wichtige Bestandteile sind dabei weißes Mandelmus und Mandeldrink, die den Gerichten eine sahnige und cremige Konsistenz verleihen. Abgerundet werden die Rezepte mit frischen Beeren und süßen Saucen.

GRUNDREZEPT

Pfannkuchen

Für 1 Portion
125 g Weizenmehl Type 550
150 ml Mineralwasser mit Kohlensäure
100 ml Mandeldrink
1 EL Zucker
2 EL Rapsöl

1. Das Mehl in eine große Schüssel sieben. Das Mineralwasser, den Mandeldrink sowie den Zucker zugeben und mit einem Schneebesen so lange verrühren, bis sich Klümpchen vollständig aufgelöst haben und ein glatt-flüssiger Teig entstanden ist.

2. In der Zwischenzeit das Rapsöl in einer großen beschichteten Pfanne bei mittlerer Temperatur erhitzen. So viel Teig hineingeben, dass der Pfannenboden vollständig dünn bedeckt ist. Sobald der Teig nicht mehr flüssig ist, den Pfannkuchen mit einem Pfannenwender wenden und goldbraun ausbacken. Den Schritt wiederholen, bis der Teig aufgebraucht ist.

3. Die Pfannkuchen auf Tellern anrichten und servieren.

GRUNDREZEPT

Vanillepudding

Für 2 Portionen
250 ml Mandeldrink
1 Pck. Bourbon-Vanillezucker
20 g Maisstärke

1. 50 ml Mandeldrink in eine kleine Schüssel gießen. Den Vanillezucker und die Maisstärke zugeben und so lange rühren, bis sich Klümpchen vollständig aufgelöst haben.

2. Den restlichen Mandeldrink (200 ml) in einem mittelgroßen Topf zum Kochen bringen. Die Vanillemischung unterrühren, alles erneut aufkochen und etwa 2 Minuten köcheln lassen.

3. Den fertigen Pudding in Schüsselchen füllen, abkühlen lassen und servieren.

MILCHREIS

mit Himbeeren und Karamellsauce

Für 4 Portionen

Für den Milchreis
- 1 l Mandeldrink
- 3 EL heller Rohrohrzucker
- 300 g Milchreis

Für die Karamellsauce
- 100 g brauner Rohrohrzucker
- 50 g vegane Margarine (z.B. Alsan)
- 100 ml Mandeldrink
- 1 TL weißes Mandelmus

Außerdem
- 1 Stängel Zitronenmelisse
- 100 g Himbeeren
- 2 EL gehobelte Mandeln

1. Für den Milchreis den Mandeldrink in einen großen Topf gießen. Den Rohrohrzucker einrühren und die Mischung bei mittlerer Temperatur zum Kochen bringen. Den Milchreis hinzufügen, alles kurz aufkochen und bei niedriger Temperatur unter Rühren etwa 15 Minuten köcheln lassen. Anschließend den Topf vom Herd nehmen und den Milchreis bei geschlossenem Deckel etwa 15 Minuten quellen lassen, bis die gewünschte cremige Konsistenz erreicht ist.

2. In der Zwischenzeit die Karamellsauce zubereiten. Dafür den Rohrohrzucker in einer Pfanne bei niedriger Temperatur unter Rühren schmelzen. Dann vorsichtig die Margarine untermischen.

3. Den Mandeldrink mit dem Mandelmus in einem weiteren kleinen Topf verrühren und bei mittlerer Temperatur erhitzen. Es genügt, wenn die Masse lauwarm ist. Dann langsam so lange mit der Zucker-Margarine-Mischung verrühren, bis eine glatte Konsistenz erreicht ist. Anschließend die Karamellsauce unter gelegentlichem Rühren abkühlen lassen.

4. Zum Schluss die Zitronenmelisse waschen, trockenschütteln und die Blättchen abzupfen. Die Himbeeren waschen und verlesen. Den Milchreis in tiefen Tellern anrichten, mit den Himbeeren, der Zitronenmelisse und den gehobelten Mandeln dekorieren, die Karamellsauce separat dazu reichen und servieren.

TIPP: Die Karamellsauce über Nacht im Kühlschrank komplett auskühlen lassen. So erhält sie eine dickflüssige Konsistenz.

WAFFELN

mit Topping

Für 4 große runde Waffeln

Für den Teig

- 200 g Weizenmehl Type 550
- 1 TL Natron
- 100 g vegane Margarine (z.B. Alsan)
- 400 ml Mandeldrink
- 100 g Zucker
- Rapsöl für das Waffeleisen

Für das Topping

- 1 Handvoll Erdbeeren
- 4 dunkle Schokoladenkekse (z.B. Zartbitter-Doppelkekse)
- etwas Karamellsauce (siehe Seite 172)
- etwas Puderzucker

1. Für den Teig das Mehl mit dem Natron in eine große Schüssel sieben. Die Margarine in einem kleinen Topf bei mittlerer Temperatur schmelzen und anschließend in die Schüssel geben. Zuletzt den Mandeldrink und den Zucker hinzufügen und alles mit einem Schneebesen zu einem glatten Teig vermengen.

2. Ein Waffeleisen aufheizen und mit reichlich Rapsöl bepinseln. Ein Viertel des Teigs in das Waffeleisen geben und mit einem Löffel bis zum Rand verteilen. Das Eisen schließen und die Waffel goldbraun ausbacken. Mit dem restlichen Teig ebenso verfahren. Die fertig gebackenen Waffeln beiseitestellen.

3. Für das Topping die Erdbeeren waschen, verlesen und in Stücke schneiden. Die Kekse in Stücke brechen.

4. Die Waffeln auf Tellern anrichten, jeweils mit den Erdbeeren und den Keksen toppen, mit der Karamellsauce begießen, mit dem Puderzucker bestreuen und servieren.

Mohn-Haselnuss-ZIMTSCHNECKEN

Für etwa 12 Stück

Für den Teig
- 150 ml Mandeldrink
- 30 g frische Hefe
- 50 g vegane Margarine (z.B. Alsan)
- 300 g Weizenmehl Type 550 plus etwas mehr für die Arbeitsfläche
- 60 g Zucker

Für die Füllung
- 40 g vegane Margarine (z.B. Alsan)
- 1 EL Haselnussmus
- 1 TL Zimtpulver
- 40 g gehackte Haselnusskerne
- 50 g Zucker
- 2 EL gemahlener Mohn

Für den Guss
- 40 g Puderzucker
- 1 EL Mandeldrink

1. Für den Teig den Drink in einem kleinen Topf bei niedriger bis mittlerer Temperatur auf etwa 40 °C erhitzen. Die Hefe zugeben und unter Rühren darin auflösen. Die Margarine in einem kleinen Topf schmelzen. Das Mehl in eine große Schüssel sieben und mit dem Zucker vermengen. Die Mandeldrink-Hefe-Mischung und die geschmolzene Margarine zur Mehl-Zucker-Mischung in die Schüssel gießen und alles mit den Knethaken des Handrührgeräts mindestens 5 Minuten zu einem glatten Teig verkneten. Diesen abgedeckt an einem warmen Ort etwa 1 Stunde gehen lassen.

2. In der Zwischenzeit die Füllung zubereiten. Hierfür die Margarine und das Haselnussmus in einem kleinen Topf bei mittlerer Temperatur schmelzen. Dann den Zimt, die Haselnusskerne, den Zucker und den Mohn einrühren und den Topf vom Herd nehmen.

3. Den aufgegangenen Teig erneut durchkneten und auf einer bemehlten Arbeitsfläche etwa 4 mm dick zu einem Rechteck ausrollen. Wichtig ist, dass der Teig nicht zu dünn wird.

4. Den Backofen auf 180 °C Ober-/Unterhitze vorheizen.

5. Die Füllung mit einem Löffel auf dem Teig verteilen, dabei den Rand aussparen. Den Teig dann längs aufrollen, sodass eine lange Rolle entsteht. Diese mit einem scharfen Messer in etwa 3 cm breite Stücke schneiden, auf einem mit Backpapier ausgelegten Blech verteilen und auf der mittleren Schiene im vorgeheizten Backofen etwa 20 Minuten backen.

6. Für den Guss den Puderzucker mit dem Mandeldrink in einer kleinen Schale verrühren. Dann den Guss mit einem Löffel auf den lauwarmen Zimtschnecken verteilen.

7. Die Schnecken ofenfrisch servieren oder nach dem Abkühlen bis zum Verzehr in einem luftdichten Gefäß lagern.

MANDEL-GRIESSBREI

mit Beerensauce

Für 2 Portionen

Für den Grießbrei
600 ml gesüßter Mandeldrink
2 EL Kokosblütenzucker
1 EL Rohrohrzucker
50 g Weichweizengrieß
1 EL vegane Margarine (z.B. Alsan)

Für die Beerensauce
80 g Erdbeeren
30 g Johannisbeeren
30 g Sauerkirschen

Außerdem
einige Blätter frische Minze
einige Heidelbeeren
6 Erdbeeren
etwas gepuffte Quinoa

1. Für den Grießbrei den Mandeldrink mit dem Kokosblütenzucker und dem Rohrohrzucker in einem großen Topf bei mittlerer bis hoher Temperatur zum Kochen bringen. Den Weichweizengrieß mit einem Schneebesen einrühren. Die Mischung aufkochen lassen und den Topf vom Herd nehmen. Den Grieß bei geschlossenem Deckel etwa 10 Minuten quellen lassen.

2. In der Zwischenzeit die Beerensauce zubereiten. Hierfür die Erdbeeren, die Johannisbeeren und die Kirschen waschen, verlesen und die Kirschen entkernen. Alles mit 2 EL Wasser in einem Mixer pürieren. Anschließend in einem kleinen Topf kurz aufkochen lassen.

3. Den fertigen Grießbrei auf tiefen Tellern anrichten. Die Beerensauce darübergießen.

4. Zum Schluss die Minze, die Heidelbeeren und die Erdbeeren waschen, verlesen und trocken tupfen. Die Erdbeeren in dünne Scheiben schneiden. Den Grießbrei mit den Heidelbeeren, Erdbeeren und der Minze dekorieren, mit der Quinoa bestreuen und servieren.

KÜCHENTIPPS
von Oma

Der Kuchenteig ist zu süß geworden

Du hast aus Versehen zu viel Zucker verwendet und nun ist der Teig zu süß geworden? Gib einfach etwas Apfelessig oder einen Teelöffel Zitronensaft in den Teig. Diese neutralisieren die Süße.

Du möchtest einen besonders luftigen Teig

Damit dein nächster Teig, beispielsweise für Pfannkuchen, besonders luftig wird, kannst du statt normalem Wasser oder Pflanzenmilch ganz einfach spritziges Mineralwasser verwenden. Die Kohlensäure lässt deinen Teig locker-luftig aufgehen.

Der gekochte Reis ist klebrig und klumpig

Vergisst man, den Reis vor dem Kochen zu spülen, bleibt mehr Stärke enthalten, die beim Kochen zum Verkleben führt. Spüle deshalb den Reis vor dem Kochen in einem Sieb so lange durch, bis das Wasser klar abläuft.

Das Wasser im Topf kocht über

Dein Blick ist für einen Moment nicht auf den Herd gerichtet und schon kocht das Wasser im Topf über. Damit dies beim nächsten Mal nicht passiert, kannst du einfach einen Kochlöffel zwischen Topf und Deckel legen. Eine weitere Möglichkeit ist, etwas vegane Butter oder Öl in das kochende Wasser zu geben. Beides bindet die Stärke und verhindert so die Schaumbildung.

APFELKÜCHLE

in Bierteig

Für etwa 10 Stück

- 50 g Weizenmehl Type 550
- 25 g heller Rohrohrzucker plus 1 EL mehr zum Wenden
- 70 ml dunkles Starkbier
- 2 säuerliche Äpfel
- 1 l neutrales Pflanzenfett zum Frittieren (z.B. Rapsöl)
- 1 EL Zimtpulver

Außerdem

- etwa 10 Heidelbeeren
- 2 EL gehobelte Mandeln

1. Das Weizenmehl, den Rohrohrzucker und das Bier in einer Schüssel mit einem Schneebesen zu einem glatten Teig vermengen. Den Teig etwa 15 Minuten ruhen lassen.

2. In der Zwischenzeit die Äpfel waschen, mit einem Apfelentkerner das Kerngehäuse entfernen und die Äpfel schälen. Das Pflanzenfett in einem Topf oder einer Fritteuse erhitzen. Die Äpfel waagerecht in etwa 1 cm breite Scheiben schneiden.

3. Den Teig noch einmal durchrühren und die Apfelscheiben nacheinander durch den Teig ziehen, sodass alle Stellen bedeckt sind. Die Scheiben anschließend in das heiße Öl geben und von jeder Seite wenige Minuten goldgelb ausbacken. Zum Wenden der Apfelküchle im Öl am besten zwei große Gabeln verwenden. Anschließend die Küchle aus dem Fett nehmen und auf Küchenpapier abtropfen lassen.

4. Den restlichen Zucker (1 EL) und den Zimt auf einem flachen Teller miteinander vermengen und die noch warmen Apfelküchle von beiden Seiten gut darin wenden, dabei leicht in die Mischung drücken.

5. Zum Schluss die Heidelbeeren waschen und verlesen. Jeweils mehrere Apfelküchle auf einen Teller geben, mit den Heidelbeeren dekorieren, mit den gehobelten Mandeln bestreuen und servieren.

Overnight-
BIRCHERMÜSLI

Für 1 Portion

Für das Müsli

- 100 g zarte Haferflocken
- 30 g gehackte Haselnusskerne
- 1 EL Kürbiskerne
- 1/2 Apfel
- 150 ml Mandeldrink
- 1 TL Honig
- 50 ml veganer Joghurt
- 10 g gehobelte Mandeln
- 1 EL Korinthen

Für das Topping

- 3 Erdbeeren
- etwa 10 Heidelbeeren
- einige Blätter frische Minze
- 1 EL gehackte Haselnusskerne

1. Für das Müsli am Vortag die Haferflocken, die gehackten Haselnusskerne und die Kürbiskerne in einer Pfanne bei mittlerer Temperatur ohne Fettzugabe unter Rühren etwa 5 Minuten rösten. Den Apfel waschen, entkernen und mit einer Reibe fein reiben.

2. Anschließend alle Zutaten für das Müsli in einer mittelgroßen Schüssel vermengen und über Nacht abgedeckt in den Kühlschrank stellen.

3. Am nächsten Tag das Müsli aus dem Kühlschrank nehmen.

4. Für das Topping die Erdbeeren, die Heidelbeeren und die Minze waschen, verlesen und trocken tupfen. Die Erdbeeren putzen, vierteln und auf das Müsli in der Schüssel geben, dann die Heidelbeeren und die gehackten Haselnusskerne darauf verteilen. Alles mit der Minze dekorieren und servieren.

Süße PFANNKUCHEN

Für 2 Portionen

250 g Weizenmehl Type 550
300 ml Mineralwasser mit Kohlensäure
200 ml Mandeldrink
1/2 Pck. Bourbon-Vanillezucker
2 EL Zucker
Rapsöl
200 g Bananen-Apfelmark aus dem Glas

Außerdem
einige Himbeeren
einige Blätter frische Minze

1. Das Mehl in eine große Schüssel sieben. Das Mineralwasser, den Mandeldrink, den Vanillezucker und den Zucker zugeben. Die Zutaten zu einem glatten Teig verrühren.

2. Etwas Rapsöl in einer großen Pfanne bei mittlerer Temperatur erhitzen. So viel Teig hineingeben, bis der Pfannenboden vollständig dünn bedeckt ist. Sobald der Teig nicht mehr flüssig ist, den Pfannkuchen mit einem Pfannenwender wenden und goldbraun ausbacken. Den Schritt wiederholen, bis der Teig aufgebraucht ist.

3. Jeweils einen Pfannkuchen auf einen Teller anrichten, mit 2 EL Bananen-Apfelmark bestreichen und einrollen.

4. Zum Schluss die Himbeeren und die Minze waschen, verlesen und trocken tupfen. Die Pfannkuchen damit garnieren und mit dem restlichen Bananen-Apfelmark servieren.

SCHOKOPUDDING

mit gefrorenen Himbeeren

Für 2 Portionen

25 g Zartbitterschokolade
250 ml ungesüßter Mandeldrink
2 EL Zucker
20 g Maisstärke

Außerdem
einige Blätter frische Minze
einige TK-Himbeeren

1. Die Schokolade mit einem großen Messer hacken. 200 ml Mandeldrink mit dem Zucker in einem mittelgroßen Topf zum Kochen bringen. Die Schokolade zugeben und bei niedriger Temperatur darin schmelzen.

2. Die Maisstärke mit dem übrigen Mandeldrink (50 ml) in einer kleinen Schüssel vermengen und anschließend unter Rühren in den Topf geben. Die Mischung aufkochen lassen und den Topf vom Herd nehmen. Den Pudding erneut umrühren, auf Schalen verteilen und etwas abkühlen lassen.

3. Zum Schluss die Minze waschen und trockenschütteln. Den Pudding mit den gefrorenen Beeren und der Minze dekoriert servieren.

TIPP: Der Schokopudding kann lauwarm oder gut gekühlt serviert werden.

Gefüllte HEFEKLÖSSE

Für 6 kleine Klöße

Für die Klöße
- 160 ml Mandeldrink
- 30 g Zucker
- 25 g frische Hefe
- 330 g Weizenmehl Type 550
- 65 g vegane Margarine (z.B. Alsan)
- 6 TL TK-Heidelbeeren

Für die Sauce
- 300 ml Mandeldrink
- 2 EL Zucker
- 2 TL Maisstärke
- ½ Pck. Bourbon-Vanillezucker

Außerdem
- einige Blätter frische Minze
- 2 EL TK-Heidelbeeren
- 2 EL gehobelte Mandeln

1. Für die Klöße den Mandeldrink mit dem Zucker in einem kleinen Topf bei mittlerer Temperatur lauwarm erhitzen. Die Hefe zugeben und unter Rühren auflösen. Das Mehl in eine große Schüssel sieben. Die Margarine in einem Topf schmelzen.

2. Die Mandeldrink-Hefe-Mischung und die Margarine in die Schüssel zum Mehl geben und mit den Knethaken des Handrührgeräts etwa 5 Minuten zu einem Teig verkneten. Die Schüssel abdecken und den Teig mindestens 45 Minuten an einem warmen Ort gehen lassen.

3. Den aufgegangenen Teig erneut durchkneten und in sechs gleich große Stücke teilen. Diese flach drücken, jeweils 1 TL TK-Heidelbeeren in die Mitte geben und die Klöße verschließen. Wasser in einem großen Topf mit Dämpfeinsatz zum Kochen bringen. Die Klöße mit der Naht nach unten auf den Einsatz legen, bei niedriger bis mittlerer Temperatur und geschlossenem Deckel etwa 20 Minuten dünsten.

4. In der Zwischenzeit die Sauce zubereiten. Dafür 250 ml Mandeldrink in einem Topf zum Kochen bringen. In einer separaten Schüssel den restlichen Mandeldrink (50 ml), den Zucker, die Maisstärke und den Vanillezucker vermischen. Diese Mischung unter den Mandeldrink im Topf rühren und alles erneut aufkochen lassen. Den Topf anschließend vom Herd nehmen.

5. Die Klöße auf tiefen Tellern anrichten und mit der Vanillesauce übergießen. Zum Schluss die Minze waschen, trockenschütteln, die Knödel mit den gefrorenen Heidelbeeren, den gehobelten Mandeln sowie der Minze dekorieren und servieren.

Heiße SCHOKOLADE

Für 1 großes Glas (etwa 480 ml) oder 2 kleine Gläser (etwa 240 ml)

170 g vegane Zartbitterschokolade
1 TL gehackte Haselnusskerne
400 ml Haferdrink

Außerdem
vegane Sprühsahne
1/2 TL Kakaopulver

1. Die Zartbitterschokolade mit einem großen Messer grob hacken. 20 g davon abnehmen und im Wasserbad unter Rühren schmelzen.

2. Ein großes oder zwei kleine Gläser bereitstellen. Die flüssige Schokolade mit einem kleinen Löffel so über den Rand hineingeben, dass sie teilweise am Rand herunterläuft. Dann die gehackten Haselnusskerne über die noch flüssige Schokolade streuen, sodass diese daran haften. Das Glas oder die Gläser in den Kühlschrank stellen.

3. Den Haferdrink in einem kleinen Topf bei mittlerer Temperatur erhitzen. Die restliche Schokolade untermischen, darin schmelzen und alles gut mit einem Schneebesen verrühren. Das Glas oder die Gläser aus dem Kühlschrank nehmen und die heiße Schokolade hineingießen.

4. Zum Schluss die heiße Schokolade mit der Sprühsahne toppen und das Kakaopulver darübersieben. Mit einem Trinkhalm servieren.

Ball
MASON

KÜCHENTIPPS
von Oma

Das Backblech hat sich verfärbt und wird nicht mehr sauber

Wenn das Backblech mehr schwarze als silberne Stellen aufweist, kannst du es ganz einfach mit Natron reinigen. Gib dafür einige Esslöffel Natron auf das Blech, füge etwas Wasser hinzu und schiebe das Blech anschließend bei etwa 100 °C in den Backofen. Sobald das Wasser dampft, kannst du das Blech wieder herausnehmen, abkühlen lassen und es anschließend mit Spülmittel reinigen. Der Tipp funktioniert übrigens ebenfalls bei hartnäckigen Verschmutzungen an Auflaufformen und im Backofen.

Deine Finger verfärben sich beim Kochen mit färbenden Lebensmitteln

Damit sich deine Finger nicht verfärben, wenn du Rote Bete, Kurkuma oder andere färbende Lebensmittel schneidest, ist es ratsam, sich vorher die Hände mit Olivenöl einzureiben. Das hält hartnäckige Farbstoffe davon ab, zu stark auf die Haut abzufärben.

Der Knetteig ist zu klebrig, um ihn weiterverarbeiten zu können

Wenn der Teig nach dem Verkneten zu klebrig ist, sodass er nicht ausgerollt werden kann, dann lege ihn einfach für 30 Minuten in eine Frischhaltefolie gewickelt in den Kühlschrank. Zutaten wie Margarine oder vegane Butter werden dann wieder fest und die Klebrigkeit nimmt ab.

Feines

APFEL-ZIMT-DESSERT

Für 2 Gläser (etwa 250 ml)

Für die Apfelschicht
- 2 Äpfel
- 1 TL Kokosöl
- 20 g Rohrohrzucker
- 1/2 TL Zimtpulver

Für die Joghurtschicht
- 200 g Sojajoghurt
- 1 EL Agavendicksaft

Außerdem
- 1 EL gehackte Haselnusskerne
- 2 TL Kakaonibs
- 2 TL gefriergetrocknete Cranberries

1. Für die Apfelschicht die Äpfel waschen, schälen, entkernen und anschließend in etwa 1,5 cm große Würfel schneiden.

2. Das Kokosöl in einer kleinen Pfanne bei mittlerer Temperatur erhitzen. Die Apfelwürfel, den Zucker und den Zimt hineingeben und die Mischung etwa 10 Minuten unter Rühren köcheln lassen.

3. Für die Joghurtschicht den Joghurt mit dem Agavendicksaft verrühren und die Mischung auf die Gläser verteilen. Dann die Apfelmischung in die Gläser füllen.

4. Zum Schluss die Desserts mit den gehackten Haselnusskernen, den Kakaonibs und den Cranberries dekorieren und warm oder kalt servieren.

ROTE GRÜTZE

mit Vanillesauce

Für 2 Gläser (etwa 250 ml)

Für die rote Grütze
1 EL vegane Zartbitter-Schokodrops
60 ml Apfelsaft
60 ml roter Traubensaft
2 EL Rohrohrzucker
1 EL Maisstärke
250 g TK-Beerenmischung

Für die Vanillesauce
300 ml Sojamilch Sorte Vanille
20 g Maisstärke
1 EL Rohrohrzucker

Außerdem
einige Himbeeren
einige Heidelbeeren

1. Für die rote Grütze die Schokodrops im Wasserbad schmelzen. Mit einem kleinen Löffel vorsichtig die flüssige Schokolade so über den Rand in die Gläser geben, dass sie leicht am Rand herunterläuft. Anschließend die Gläser sofort in den Kühlschrank stellen.

2. Dann den Apfelsaft, den roten Traubensaft und den Rohrohrzucker in einem mittelgroßen Topf bei mittlerer Temperatur zum Kochen bringen. Die Maisstärke einrühren.

3. Danach die gefrorenen Beeren in den Topf geben und die Mischung unter ständigem Rühren etwa 5 Minuten köcheln lassen, bis alle Früchte gar sind. Die rote Grütze vom Herd nehmen und 1–2 Stunden abkühlen lassen.

4. Für die Vanillesauce 50 ml von der Sojamilch abnehmen und in einer kleinen Schüssel mit der Maisstärke und dem Rohrohrzucker verrühren. Die restliche Sojamilch (250 ml) in einem Topf bei mittlerer Temperatur zum Kochen bringen. Die angerührte Sojamilch zugeben und alles erneut unter Rühren aufkochen lassen. Anschließend die Sauce vom Herd nehmen und abkühlen lassen. Am besten mit einer dünnen Schicht Frischhaltefolie abdecken, damit sich keine Haut bildet.

5. Die Gläser mit dem Schokorand aus dem Kühlschrank nehmen und die abgekühlte rote Grütze gleichmäßig darin verteilen. Dann die Vanillesauce darübergießen.

6. Zum Schluss die Beeren waschen, verlesen und auf der Vanillesauce verteilen. Die Gläser bis zum Servieren im Kühlschrank aufbewahren.

Kirsch-
WACKELPUDDING

Für etwa 8 Silikonförmchen (à 7 cm Ø)

15 g Agar-Agar
250 ml Kirschsaft

Außerdem
8 Kirschen
8 TL Sojajoghurt
2 TL Kakaonibs

1. In einer kleinen Schale das Agar-Agar in 50 ml Kirschsaft einrühren. Den restlichen Kirschsaft in einem Topf bei mittlerer Temperatur zum Kochen bringen. Das angerührte Agar-Agar zugeben und die Mischung mindestens 2 Minuten köcheln lassen.

2. Dann Silikonförmchen auf einem großen flachen Teller bereitstellen. Die Kirschsaftmischung gleichmäßig auf die Förmchen verteilen und zuerst bei Zimmertemperatur und danach im Kühlschrank über Nacht gelieren lassen.

3. Anschließend die fertigen Wackelpuddinge vorsichtig aus den Formen lösen und auf Teller stürzen.

4. Zum Schluss die Kirschen waschen, die Puddinge jeweils mit 1 TL Sojajoghurt dekorieren, eine Kirsche daraufsetzen, mit ein paar Kakaonibs bestreuen und servieren.

KIRSCHSTRUDEL

mit Mandelblättchen

Für 1 Strudel

Für den Strudel
- 250 g Sauerkirschen aus dem Glas (Abtropfgewicht) plus 100 ml des Kirschsafts
- 2 EL Maisstärke
- 200 ml Mandeldrink
- ½ Pck. Vanillepuddingpulver
- 20 g Zucker
- 1 Blätterteig (275 g) aus dem Kühlfach

Für den Guss
- 100 g Puderzucker
- 1 EL Zitronensaft
- 2 EL Mandeldrink

Außerdem
- 3 EL gehobelte Mandeln

1. Für den Strudel die Kirschen abgießen, dabei 100 ml des Safts auffangen. Davon 5 EL Saft abnehmen und mit der Maisstärke in einer kleinen Schüssel verrühren. Den restlichen Kirschsaft in einem Topf bei mittlerer Temperatur aufkochen. Die Kirschsaft-Stärke-Mischung zugeben, alles erneut aufkochen und unter Rühren 3 Minuten köcheln lassen.

2. 50 ml Mandeldrink mit dem Puddingpulver und dem Zucker in einer kleinen Schüssel verrühren. Den restlichen Mandeldrink (150 ml) in einem Topf zum Kochen bringen. Das angerührte Puddingpulver zugeben, alles unter Rühren erneut aufkochen und etwa 2 Minuten köcheln lassen. Den Pudding anschließend vom Herd nehmen und kurz abkühlen lassen.

3. Den Backofen auf 200 ^C Ober-/Unterhitze vorheizen.

4. Den Blätterteig samt Backpapier auf einem Backblech auslegen. Zur Orientierung mit einem Brotmesser drei gleich große Teile längs im Teig »anzeichnen«; den Teig dabei auf keinen Fall durchschneiden, sondern die Linien nur andeuten. Die beiden äußeren Drittel dann im 45°-Winkel nach unten in etwa 3 cm breite Streifen schneiden, sodass die Streifen später nach innen über die Füllung im mittleren Drittel geklappt werden können.

5. Anschließend im mittleren Teigdrittel zuerst die Kirschen gleichmäßig der Länge nach verteilen, danach den Pudding darübergeben. Zuletzt die äußeren Teigstreifen abwechselnd von links und rechts schräg nach unten über die Mitte legen, sodass sich ein Zopfmuster ergibt. Das untere Ende einschlagen. Den Kirschstrudel auf der mittleren Schiene im vorgeheizten Ofen etwa 20 Minuten backen.

6. In der Zwischenzeit den Guss zubereiten. Dafür den Puderzucker, den Zitronensaft und den Mandeldrink in einer kleinen Schüssel verrühren. Dann den Guss gleichmäßig auf dem fertigen, noch warmen Kirschstrudel verteilen.

7. Zum Schluss den Strudel mit den Mandeln dekorieren und warm oder kalt servieren.

TORTEN & KUCHEN

Zum Abschluss findest du in diesem Kapitel eine kleine Auswahl meiner liebsten Torten und Kuchen. Auch beim Backen kann man auf Eier, Sahne und Milch verzichten, wie die folgenden Rezepte zeigen werden. Wie wäre es also mit einer leckeren veganen Karamellschicht in der Nusstorte oder mit einem saftigen Zitronenkuchen?

GRUNDREZEPT

Rührkuchen

Für 1 Kuchen
350 g Dinkelmehl Type 630 plus etwas mehr für die Form
1 Pck. Backpulver
250 g Zucker
½ Pck. Bourbon-Vanillezucker
1 Prise Salz
140 ml Rapsöl
300 ml Mandeldrink
1 EL Apfelessig

1. Den Backofen auf 170 °C Ober-/Unterhitze vorheizen.
2. Das Mehl und das Backpulver in eine große Schüssel sieben. Dann zuerst alle restlichen trockenen, danach die flüssigen Zutaten hinzufügen und die Mischung mit den Rührbesen des Handrührgeräts zu einem Teig vermengen.
3. Anschließend den Teig in eine bemehlte Form (z.B. eine Springform) geben und den Kuchen auf der mittleren Schiene im vorgeheizten Ofen etwa 45 Minuten backen. Am Ende der Backzeit prüfen, ob der Teig schon durchgebacken ist; nach Bedarf länger backen.

GRUNDREZEPT

süße Buttercreme

Für 1 Torte
400 g vegane Margarine (z.B. Alsan)
800 g Puderzucker
1 Pck. Bourbon-Vanillezucker

1. Alle Zutaten in eine Schüssel geben und mit den Rührbesen des Handrührgeräts zu einer cremigen Masse verarbeiten.

RHABARBERKUCHEN

mit Mandelstreuseln

Für 1 Blech

Für den Teig
- 250 g vegane Margarine (z.B. Alsan)
- 500 g Dinkelmehl Type 630
- 225 g Rohrohrzucker
- 1 EL Mandeldrink
- 1 TL Backpulver
- 1 Prise Salz

Für den Belag
- 350 g Rhabarber
- 145 g Himbeeren aus dem Glas (Abtropfgewicht) plus 200 ml des Himbeersafts
- 250 ml Sojamilch
- 1 Pck. Vanillepuddingpulver
- 40 g Rohrohrzucker

Außerdem
- 30 g gehobelte Mandeln

1. Für den Teig die Margarine schmelzen. Das Mehl in eine große Schüssel sieben und alle Zutaten für den Teig miteinander verkneten. Anschließend den Teig abgedeckt für etwa 30 Minuten in den Kühlschrank stellen.

2. Für den Belag in der Zwischenzeit den Rhabarber waschen, die Enden abschneiden und die holzigen Stellen entfernen. Den Rhabarber schälen und in etwa 1 cm große Stücke schneiden. Die Himbeeren in ein Sieb abgießen und abtropfen lassen. Dabei 200 ml des Safts auffangen und mit der Sojamilch verrühren. 100 ml der Flüssigkeit abnehmen und mit dem Puddingpulver und dem Rohrohrzucker in einer kleinen Schüssel verrühren. Die übrige Saft-Milch-Mischung in einem mittelgroßen Topf unter Rühren zum Kochen bringen. Das angerührte Puddingpulver zugeben, alles erneut aufkochen und etwa 3 Minuten köcheln lassen. Den Pudding vom Herd nehmen und kurz abkühlen lassen.

3. Den Backofen auf 180 °C Ober-/Unterhitze vorheizen.

4. Zwei Drittel des gekühlten Teigs auf ein mit Backpapier ausgelegtes Blech geben und mit einem großen Löffel zu einem lückenlosen Kuchenboden verteilen. Den Pudding gleichmäßig auf dem Kuchenboden verstreichen. Dann die Rhabarberstücke und Himbeeren ebenfalls gleichmäßig darübergeben.

5. Zum Schluss das restliche Teigdrittel mit den gehobelten Mandeln vermengen und als Streusel über den Kuchen geben. Den Kuchen auf der mittleren Schiene im vorgeheizten Backofen etwa 35 Minuten backen. Anschließend auskühlen lassen und servieren.

Schwarzwälder KIRSCHTORTE

Für 1 beschichtete Springform (25 cm Ø)

Für den Boden

- 350 g Dinkelmehl Type 630
- 50 g Kakaopulver
- 1 Pck. Backpulver
- 50 g vegane Zartbitterschokolade
- 250 g Zucker
- ½ Pck. Bourbon-Vanillezucker
- 140 ml Rapsöl
- 300 ml ungesüßter Mandeldrink
- 1 Prise Salz
- 1 EL Apfelessig

Für die Füllung

- 250 g Kirschen aus dem Glas (Abtropfgewicht) plus 300 ml des Kirschsafts
- 30 g Maisstärke
- 50 ml Grenadinesirup
- 800 g vegane aufschlagbare Sahne

1. Den Backofen auf 170 °C Ober-/Unterhitze vorheizen.

2. Für den Boden das Mehl, den Kakao und das Backpulver in eine große Schüssel sieben. Die Schokolade im Wasserbad schmelzen. Zuerst alle Zutaten für den Boden außer der geschmolzenen Schokolade mit in die Schüssel geben, dann die flüssige Schokolade hinzufügen und alles mit den Knethaken des Handrührgerät zu einem Teig vermengen.

3. Den Teig in einer beschichteten Springform verteilen und auf mittlerer Schiene im vorgeheizten Ofen etwa 50 Minuten backen. Am Ende der Backzeit per Stäbchenprobe prüfen, ob der Teig schon durchgebacken ist; nach Bedarf länger backen. Den Boden anschließend herausnehmen und abkühlen lassen.

4. Für die Füllung in der Zwischenzeit die Kirschen in ein Sieb abgießen, dabei 300 ml Kirschsaft auffangen. 50 ml davon abnehmen und mit der Maisstärke in einer kleinen Schüssel verrühren. Den restlichen Kirschsaft (250 ml) in einen mittelgroßen Topf gießen und bei mittlerer Temperatur aufkochen lassen. Die angerührte Maisstärke unter Rühren zugeben, alles erneut aufkochen und köcheln lassen, bis der Saft eingedickt ist. Die Kirschen unterrühren und die Masse abkühlen lassen.

5. Den abgekühlten Tortenboden mit einem großen glatten scharfen Messer vorsichtig waagerecht in drei Teile schneiden. Die oberen beiden Böden auf flachen Tellern beiseitestellen. Den unteren Boden zuerst gleichmäßig mit dem Grenadinesirup beträufeln, dann mit der Kirschmasse bestreichen, dabei etwa 3 cm des Rands aussparen. Anschließend die Kirschmasse vollständig auskühlen lassen.

Außerdem
12 Kirschen
50 g gehobelte Mandeln
2 EL Zartbitter-Schokoraspel

6. Die Sahne mit den Rührbesen des Handrührgeräts aufschlagen. Dann den unteren Boden mit der aufgeschlagenen Sahne bis zum Rand dünn bestreichen. Den mittleren Boden darüberlegen und wieder eine Sahneschicht darauf verteilen. Den dritten Boden daraufsetzen. Etwas Sahne für die Dekoration beiseitestellen und mit der restlichen Sahne den dritten Tortenboden sowie rundherum den Seitenrand der Torte bestreichen. Dafür am besten die Sahne mit einem großen Löffel grob verteilen und mit einem glatten Messer oder einem Tortenspachtel glatt ziehen.

7. Mit einem glatten Messer Linien für zwölf gleich große Stücke auf der Torte »anzeichnen«. Die restliche Sahne in einen Spritzbeutel füllen und die Tortenstücke damit dekorieren.

8. Zum Schluss die Kirschen waschen und trocken tupfen. Die gehobelten Mandeln rundherum an den Seitenrand der Torte andrücken. Die Schokoraspel über die Torte streuen und jeweils eine Kirsche an den äußeren Rand der angedeuteten Tortenstücke setzen. Die Torte bis zum Servieren im Kühlschrank aufbewahren.

MARMORKUCHEN

mit Schokoguss

Für 1 Gugelhupfform

400 g Weizenmehl Type 550 plus etwas mehr für die Form
25 g Maisstärke
250 g vegane Margarine (z. B. Alsan)
200 g Zucker
1/2 Pck. Bourbon-Vanille-zucker
2 gestr. TL Natron
260 ml Mandeldrink
2 EL Apfelessig
2 EL Kakaopulver
Für den Guss
100 g vegane Zartbitter-schokolade

1. Den Backofen auf 170 °C Ober-/Unterhitze vorheizen.
2. Das Mehl und die Stärke in eine große Schüssel sieben. Die Margarine schmelzen. Den Zucker, den Vanillezucker, das Natron, 240 ml Mandeldrink und den Apfelessig zugeben und alles mit den Rührbesen des Handrührgeräts zu einem glatten Teig vermengen.
3. Eine Gugelhupfform mit etwas Mehl bestäuben. Drei Viertel des Teiges in der Form verteilen. Den restlichen Teig mit dem Kakao und dem übrigen Mandeldrink (20 ml) verrühren, in die Form geben und mit einer Gabel durch den Teig in der Form ziehen und so »marmorieren«.
4. Den Kuchen auf der mittleren Schiene im vorgeheizten Ofen etwa 50 Minuten backen. Am Ende der Backzeit per Stäbchenprobe prüfen, ob der Teig schon durchgebacken ist; nach Bedarf länger backen. Anschließend den Kuchen aus dem Ofen nehmen und abkühlen lassen.
5. Für den Guss die Zartbitterschokolade grob hacken und ein paar gehackte Schokoladenstücke für die Dekoration beiseitestellen. Die restlichen Stücke im Wasserbad schmelzen. Den Kuchen mit der flüssigen Schokolade übergießen, mit der übrigen gehackten Schokolade dekorieren und servieren.

SCHOKOKUCHEN

mit Zebra-Guss

Für 1 beschichtete Springform (25 cm Ø)

Für den Teig
300 g Weizenmehl Type 550
1 Pck. Backpulver
30 g Kakaopulver
120 g vegane Margarine (z.B. Alsan)
200 g vegane Zartbitterschokolade
200 g Zucker
½ Pck. Bourbon-Vanillezucker
1 Prise Salz
1 EL Apfelessig
200 ml Mandeldrink

Für den Guss
100 g vegane Zartbitterschokolade
55 g Kokosfett
50 g weiße vegane Schokolade

1. Den Backofen auf 180 °C Unter-/Oberhitze vorheizen.

2. Für den Teig das Weizenmehl mit dem Backpulver und dem Kakao in eine große Schüssel sieben. Die Margarine mit der Schokolade im Wasserbad schmelzen.

3. Alle Zutaten für den Teig in der Schüssel miteinander vermengen, dabei erst die festen, dann die flüssigen Zutaten hinzufügen, und mit den Rührbesen des Handrührgeräts verrühren.

4. Den Teig in einer beschichteten Springform verteilen und auf mittlerer Schiene im vorgeheizten Ofen etwa 35–40 Minuten backen. Am Ende der Backzeit per Stäbchenprobe prüfen, ob der Teig schon durchgebacken ist; nach Bedarf länger backen.

5. Für den Guss die Zartbitterschokolade und 50 g Kokosfett im Wasserbad schmelzen und die Mischung gleichmäßig auf dem Kuchen verteilen. Dann die weiße Schokolade mit dem restlichen Kokosfett (5 g) in einem separaten Wasserbad schmelzen. Die weiße Mischung mit einem Löffel streifenartig über den dunklen Guss ziehen.

6. Den Schokoladenguss abkühlen lassen und den Kuchen dann servieren.

KÄSEKUCHEN

mit Kokosdecke

Für 1 beschichtete Springform (25 cm Ø)

Für den Käsekuchen

- 200 g vegane Margarine (z. B. Alsan)
- 1 kg Sojajoghurt
- 120 Maisstärke
- ½ Pck. Bourbon-Vanillezucker
- 60 g Zucker
- Abrieb von ½ unbehandelten Zitrone

Für die Kokosdecke

- 100 g vegane Margarine (z. B. Alsan)
- 40 g Zucker
- 100 g Kokosraspel

1. Den Backofen auf 180 °C Ober-/Unterhitze vorheizen.
2. Für den Käsekuchen die Margarine in einem kleinen Topf bei mittlerer Temperatur schmelzen. Den Joghurt in eine große Schüssel geben und die Maisstärke hineinsieben. Alle weiteren Zutaten für den Käsekuchen bis auf die Margarine hinzufügen und alles mit den Rührbesen des Handrührgeräts verrühren.
3. Dann die flüssige Margarine unter Rühren in die Schüssel geben und so lange rühren, bis sich alle Zutaten miteinander zu einem Teig verbunden haben. Die Masse in einer beschichteten Springform verteilen.
4. Für die Kokosdecke in einem kleinen Topf die Margarine schmelzen, den Zucker zugeben und 90 g Kokosraspel bei mittlerer Temperatur darin kurz anrösten. Anschließend die Mischung auf dem Teig verteilen. Den Kuchen auf mittlerer Schiene im vorgeheizten Ofen etwa 60 Minuten backen. Sollte die Kokosdecke zu braun werden, diese nach Bedarf gegen Ende der Backzeit mit Backpapier abdecken.
5. Den Kuchen zuerst bei Zimmertemperatur, dann im Kühlschrank komplett auskühlen lassen. Dann mit den restlichen Kokosraspeln (10 g) dekorieren und servieren.

SÜSSE NUSSTORTE

mit veganer Buttercreme

Für 1 Springform (25 cm Ø)

Für den Boden

- 350 g Dinkelmehl Type 650 plus etwas mehr für die Form
- 1 Pck. Backpulver
- 250 g Zucker
- ½ Pck. Bourbon-Vanillezucker
- 1 Prise Salz
- 140 ml Rapsöl
- 300 ml Mandeldrink
- 1 EL Apfelessig

Für die Karamellschicht

- 150 g Zucker
- 100 ml Kokosmilch
- 50 g gehackte Haselnusskerne

1. Den Backofen auf 170 °C Ober-/Unterhitze vorheizen.

2. Für den Boden das Mehl und das Backpulver in eine große Schüssel sieben. Dann zuerst alle restlichen trockenen, dann die flüssigen Zutaten für den Teig hinzufügen und die Mischung mit den Rührbesen des Handrührgeräts zu einem Teig vermengen.

3. Den Teig anschließend in einer bemehlten Springform verteilen und auf mittlerer Schiene im vorgeheizten Ofen etwa 45 Minuten backen. Am Ende der Backzeit per Stäbchenprobe prüfen, ob der Teig schon durchgebacken ist; nach Bedarf länger backen.

4. Den Kuchenboden aus dem Ofen nehmen und mindestens 1 Stunde abkühlen lassen. Dann mit einem großen scharfen Messer waagerecht in drei gleich große Teile schneiden. Die oberen beiden Böden auf flachen Tellern beiseitestellen.

5. In der Zwischenzeit die Karamellschicht zubereiten. Dafür den Zucker in eine beschichtete Pfanne geben und bei niedriger Temperatur ohne Rühren schmelzen lassen. Sobald der Zucker vollständig flüssig ist, die Kokosmilch einrühren, bis sie sich komplett mit dem Zucker verbunden hat. Die Mischung kurz aufkochen lassen. Zuletzt die gehackten Haselnusskerne zugeben. Den Topf vom Herd nehmen und das Karamell etwa 15 Minuten abkühlen lassen. Anschließend das leicht dickflüssige Karamell auf dem unteren Boden verteilen, dabei den Rand etwa 3 cm breit aussparen.

Für die Buttercreme
- 400 g vegane Margarine (z.B. Alsan)
- 800 g Puderzucker
- 1 Pck. Bourbon-Vanillezucker

Außerdem
- 80 g gehackte Haselnusskerne
- 12 ganze Haselnusskerne
- 2 EL vegane Zartbitter-Schokoraspel

6. Für die Buttercreme alle Zutaten in eine Schüssel geben und mit den Rührbesen des Handrührgeräts zu einer cremigen Masse verarbeiten. Den ersten Boden mit einer dünnen Schicht Buttercreme bis zum Rand bestreichen. Den zweiten Boden darüberlegen und mit einer weiteren Schicht Buttercreme überziehen. Zuletzt den dritten Boden darauflegen. Etwas Buttercreme für die Dekoration beiseitestellen. Die restliche Creme erst rundherum am Seitenrand der Torte, dann auf dem dritten Boden verteilen und mit einem glatten Messer oder einer Tortenspachtel glatt ziehen. Mit einem glatten Messer Linien für zwölf gleich große Stücke auf der Torte »anzeichnen«.

7. Zum Schluss die gehackten Haselnusskerne rundherum am Seitenrand der Torte andrücken. Die restliche Buttercreme in einen Spritzbeutel füllen und die Tortenstücke damit dekorieren. Die Schokoraspel in einem kleinen Kreis über die Torte streuen und jeweils eine Haselnuss an den äußeren Rand der angedeuteten Tortenstücke setzen. Die Torte bis zum Servieren im Kühlschrank aufbewahren.

Saftiger ZITRONENKUCHEN

Für 1 Silikon-Gugelhupfform

Für den Teig

- 330 g Dinkelmehl Type 1050
- 1 unbehandelte Zitrone
- 200 ml Mandeldrink
- 170 g Zucker
- 80 ml Rapsöl
- 1 TL Natron
- 1 EL Apfelessig

Für den Guss

- 1 unbehandelte Zitrone
- 200 g Puderzucker

1. Den Backofen auf 180 °C Ober-/Unterhitze vorheizen.
2. Für den Teig das Mehl in eine große Schüssel sieben. Die Zitrone gründlich waschen, die Schale abreiben und den Abrieb in die Schüssel geben. Anschließend die Zitrone auspressen. Den Zitronensaft sowie die weiteren Zutaten für den Teig in die Schüssel geben und alles mit den Knethaken des Handrührgeräts vermengen.
3. Den Teig in eine Gugelhupfform aus Silikon füllen und auf der mittleren Schiene im vorgeheizten Ofen etwa 35 Minuten backen. Gegen Ende der Backzeit per Stäbchenprobe prüfen, ob der Teig schon durchgebacken ist; nach Bedarf länger backen. Anschließend den Kuchen aus dem Ofen nehmen und in der Form vollständig auskühlen lassen. Dann auf eine Kuchenplatte stürzen.
4. Für den Guss die Zitrone gründlich waschen und die Schale abreiben. Den Abrieb zusammen mit dem Puderzucker in eine kleine Schüssel geben. Die Zitrone auspressen und etwa 35 ml des Zitronensafts in die Schüssel gießen. Alles mit einem kleinen Löffel zu einem Guss verrühren und den Guss gleichmäßig auf dem Kuchen verteilen.
5. Den Guss trocknen lassen und den Kuchen dann servieren.

BASICS

Basics wie Mandelmus, Pflanzendrink oder vegane Mayonnaise lassen sich auch selbst herstellen. Natürlich kannst du diese Produkte fertig kaufen und verwenden. Oftmals sparst du mit selbst gemachten Zutaten aber Geld. Und außerdem weißt du dann ganz sicher, was drin ist.

MANDELDRINK

Für etwa 700 ml
250 g geschälte Mandelkerne in Bio-Qualität
2 EL neutrales Pflanzenöl
1 Prise Salz
1 TL Agavendicksaft (nach Belieben)

TIPP: Die übrige Mandelmasse kann z.B. in Müsli oder Kuchenteig eingerührt werden.

1. Die Mandelkerne über Nacht in Wasser einweichen. Am nächsten Tag in ein Sieb abgießen.

2. Die Mandeln zusammen mit den übrigen Zutaten und 750 ml Wasser in einen hohen Rührbecher geben. Den Inhalt mit einem Stabmixer glatt pürieren. Die Mandelmasse dann durch ein Passiertuch in eine Flasche abseihen. Die Flüssigkeit so gut wie möglich aus der Mandelmasse ausdrücken.

HAFERDRINK

Für etwa 1 l
200 g Haferflocken
2 EL neutrales Öl
1 Prise Salz
1 TL Agavendicksaft (nach Belieben)

1. Die Zutaten zusammen mit 800 ml Wasser in einen hohen Rührbecher geben. Den Inhalt mit einem Stabmixer glatt pürieren.

2. Die Hafermasse dann durch ein Passiertuch in eine Flasche abseihen. Die Flüssigkeit so gut wie möglich aus der Hafermasse ausdrücken.

WEISSES MANDELMUS

Für etwa 200 g
300 g ganze Mandelkerne in Bio-Qualität

TIPP: Für braunes Mandelmus musst du die Mandeln vorher nicht schälen.

1. Die Mandelkerne in einer hitzebeständigen Schale mit aufgekochtem Wasser überbrühen und 10 Minuten ziehen lassen. Die Mandeln dann in ein Sieb abgießen und mit kaltem Wasser abspülen. Danach die Schalen mit den Fingern entfernen. Die Mandeln nun über Nacht in Wasser einweichen.

2. Am nächsten Tag den Backofen auf 150 °C Ober-/Unterhitze vorheizen. Die eingeweichten Mandeln in ein Sieb abgießen, abspülen und gut abtropfen lassen. Anschließend auf einem mit Backpapier bedeckten Backblech ausbreiten und im vorgeheizten Ofen auf mittlerer Schiene etwa 5 Minuten rösten. Dann herausnehmen und die Mandelkerne lauwarm abkühlen lassen. Danach in einem Hochleistungsmixer so lange pürieren, bis ein cremiges Mus entsteht. Überhitzt sich der Mixer zwischendurch, eine kurze Pause einlegen.

VEGANE SCHOKOLADE

Für etwa 100 g
60 g Kokosöl
30 g Kakaopulver
1 Prise Salz
Mark von 1/2 Vanilleschote
1 EL Agavendicksaft

1. Das Kokosöl in einer kleinen Pfanne zerlassen und etwas abkühlen lassen. Dann mit dem Kakaopulver, dem Salz, dem Vanillemark und dem Agavendicksaft vermengen. Die Masse verrühren, bis eine cremige Konsistenz entsteht.

2. Die Masse in eine passende Form gießen und abkühlen lassen. Dann im Kühlschrank in etwa 2 Stunden erkalten und fest werden lassen.

VEGANE KARAMELLSAUCE

Für etwa 250 ml
150 g brauner Rohrohrzucker
75 g vegane Margarine (z.B. Alsan)
150 ml Mandeldrink
1 1/2 TL weißes Mandelmus

1. Den Rohrohrzucker in einer Pfanne bei niedriger Temperatur unter Rühren schmelzen. Dann vorsichtig die Margarine untermischen.

2. Den Mandeldrink mit dem Mandelmus in einem weiteren kleinen Topf verrühren und bei mittlerer Temperatur lauwarm erhitzen. Dann langsam so lange mit der Zucker-Margarine-Mischung verrühren, bis eine glatte Konsistenz erreicht ist. Die Karamellsauce anschließend unter gelegentlichem Rühren abkühlen lassen.

VEGANE MAYONNAISE

Für etwa 300 g
100 g ungesalzene Cashewkerne
1 TL mittelscharfer Senf
2 EL Zitronensaft
1 TL weißer Balsamico
1 TL Agavendicksaft
100 ml Sonnenblumenöl
100 ml ungesüßter Mandeldrink
Salz
frisch gemahlener schwarzer Pfeffer

1. Die Cashewkerne etwa 3 Stunden in Wasser einweichen. Danach in ein Sieb abgießen und mit den übrigen Zutaten in einen hohen Rührbecher geben. Den Inhalt mit einem Stabmixer glatt pürieren. Mit Salz und Pfeffer abschmecken.

2. Anschließend etwa 2 Stunden im Kühlschrank durchziehen lassen.

VEGANER OBATZDA

Für etwa 250 g
1 große festkochende Kartoffel (ca. 250 g)
Salz
1 Zwiebel
1 EL Hefeflocken
1 EL edelsüßes Paprikapulver plus mehr nach Geschmack
1 EL ungesüßter Sojajoghurt
1 TL mittelscharfer Senf
2 EL Olivenöl
20 g vegane Margarine (z.B. Alsan)
frisch gemahlener schwarzer Pfeffer
1 Bund frischer Schnittlauch

1. Die Kartoffel in leicht gesalzenem Wasser gar kochen. Anschließend in ein Sieb abgießen, etwas ausdampfen lassen, dann pellen und mit einer Gabel zu einem Püree zerdrücken.

2. Die Zwiebel abziehen und fein hacken. Die Zwiebel zusammen mit den übrigen Zutaten bis auf den Schnittlauch und den Pfeffer mit dem Kartoffelstampf verrühren. Den Obatzda mit Salz, Pfeffer und Paprikapulver abschmecken. Den Schnittlauch waschen, trockenschütteln und in Röllchen schneiden. Diese dekorativ über den Obatzda streuen.

VEGANES METT

Für etwa 500 g
100 g Reiswaffeln
2 Zwiebeln
4 EL Tomatenmark
1 EL Olivenöl
2 EL Weißweinessig
Zucker
Salz
frisch gemahlener Pfeffer

1. Die Reiswaffeln in kleine Stücke brechen und in einer Schüssel mit 300 ml Wasser übergießen. Die Waffeln etwa 10 Minuten einweichen. Inzwischen die Zwiebeln abziehen und fein hacken. Diese zusammen mit dem Tomatenmark, dem Olivenöl und dem Essig zu den eingeweichten Waffeln geben. Alles gut vermengen. Das Mett mit etwas Zucker, Salz und Pfeffer abschmecken.

2. Über Nacht im Kühlschrank durchziehen lassen.

KÜCHENTIPPS

von Oma

Du möchtest unangenehme Gerüche aus der Küche loswerden

Unangenehme Gerüche können viele Ursachen haben. Natürlich empfiehlt es sich, zuerst die Ursache zu entfernen. Und dann hilft eine Schüssel mit Kaffeepulver. Das nimmt die Gerüche auf. Außerdem kannst du die betroffene Stelle mit Apfel- oder Zitronenessig besprühen. Den Essig lässt du kurz einwirken und reibst ihn anschließend mit einem feuchten Tuch ab. Durch die Säure wird der unangenehme Geruch neutralisiert. Zu guter Letzt kannst du auch etwas Backpulver oder Natron auf die Stelle geben und wirst so den unangenehmen Geruch endgültig los.

Die angebratenen Pilze werden zu weich

Wenn deine Pilze nach dem Anbraten eher labbrig als knusprig sind, hilft es, diese erst gegen Ende des Bratens zu würzen. Würzt du sie zu früh, können Salz und andere Gewürze ihnen Flüssigkeit entziehen, was dazu führt, dass die Pilze eher gekocht als gebraten werden. Dies führt zu einer weicheren Konsistenz.

Der Kaffee ist zu bitter

Wird Kaffee zu schnell mit heißem Wasser übergossen, können sich die Bitterstoffe nicht schnell genug lösen. Damit Kaffee weniger bitter wird, kannst du vor dem Kochen das Kaffeepulver einfach mit einer Prise Salz vermengen. Salz unterdrückt Bitterstoffe und verstärkt das Aroma des Kaffees. Oder du feuchtest das Pulver kurz an, bevor du den Kaffee aufbrühst.

REGISTER

Rezeptregister

Zutatenregister

DANK

Lange war es für mich nur ein weit entferntes Ziel, einmal ein eigenes Kochbuch zu schreiben und damit all die über die Jahre gesammelten Erfahrungen und Rezepte zu Papier zu bringen. Nun ist es so weit. Ich halte mein erstes eigenes Buch in den Händen und habe meinen Traum in die Tat umgesetzt. Noch immer kann ich es nicht glauben und möchte mich hiermit bei all den großartigen Menschen bedanken, die dazu beigetragen haben!

Zuallererst ein riesiges Dankeschön an meine Eltern, die mich immer in allen Lebenslagen unterstützt haben. Die mir nie meinen Weg vorgeschrieben haben und die bei all meinen Schritten stolz auf mich sind. Danke, dass ihr den Grundbaustein für alles gelegt habt! Nicht zuletzt danke ich euch dafür, mir einige Gerichte freudig abgenommen zu haben, als ich nicht mehr im Geringsten an Essen denken konnte.

Ich danke meinen Großeltern, insbesondere meinen beiden Großmüttern Irene und Renate, für die in meiner Kindheit entfachte Begeisterung für gutes Essen. Danke, Renate, für deine Mithilfe und deine Inspiration. Danke, liebe Irene, ich weiß, wie stolz du gewesen wärst, wenn du damals gewusst hättest, dass ich eines Tages ein Kochbuch schreiben werde.

Mein Dank gilt außerdem meiner kleinen Buchgruppe, bestehend aus Familienmitgliedern und engen Freunden, welche mich bei der Fotoauswahl tatkräftig unterstützt haben und die ein oder andere Anregung gaben.

Liebe Isabel, ich danke dir für deine zahlreichen Tipps und deine Unterstützung, wann immer ich sie auf die Schnelle brauchte. Danke für deine Kritik und das Gegenlesen meiner Rezepte. Danke, dass ich seit jeher auf dich zählen kann!

Ich danke dir, Alexander, dass du mir trotz der teilweise drei Hauptmahlzeiten pro Tag und dem ein oder anderen damit verbundenen zusätzlichen Kilo dennoch deine ehrliche Meinung zu den Gerichten gabst. Danke, dass du dir meine unzähligen Ideen zum Buch angehört und mich Woche für Woche ermutigt hast. Danke für deine Unterstützung – weit über dieses Buch hinaus!

Nicht zuletzt möchte ich noch ein großes Dankeschön dem Christian Verlag aussprechen. Danke Stefanie, dass du mir Rede und Antwort gestanden und all meine Wünsche bestmöglich umgesetzt hast. Danke für die wunderbare Zusammenarbeit!

ÜBER DIE AUTORIN

Caroline Loße, Jahrgang 1995, machte ihren Abschluss in Sensorik und kognitiver Psychologie (M.Sc.) an der Technischen Universität Chemnitz. Sie arbeitet im Marketing eines Chemnitzer Softwareunternehmens sowie freiberuflich als Porträtfotografin und Foodbloggerin mit Fokus auf veganen Smoothie Bowls. Ihrem Instagram-Account @sugarberrry folgen fast 70 000 Abonnenten.

IMPRESSUM

Produktmanagement: Stefanie Gückstock
Redaktion: Constanze Lüdicke
Schlusskorrektur: Miriam Sender Gorriz
Layout und Satz: Elke Mader
Umschlaggestaltung: Regina Degenkolbe
Repro: LUDWIG:media
Herstellung: Bettina Schippel

Printed in Slovakia by Neografia

Text & Rezepte: Caroline Loße
Foodstyling & -fotografie: Caroline Loße
mit Ausnahme von: siehe Bildnachweis

★★★★★

Sind Sie mit diesem Titel zufrieden? Dann würden wir uns über ihre Weiterempfehlung freuen.
Erzählen Sie es im Freundeskreis, berichten Sie Ihrem Buchhändler, oder bewerten Sie bei Onlinekauf. Und wenn Sie Kritik, Korrekturen oder Aktualisierungen haben, freuen wir uns über Ihre Nachricht an Christian Verlag, Postfach 40 02 09, D-08702 München oder per E-Mail an lektorat@verlagshaus.de

Unser komplettes Programm finden Sie unter www.christian-verlag.de

Bildnachweis
Alle Bilder des Innenteils stammen von Caroline Loße mit Ausnahme von folgenden Hintergrund-Bildern: 18/19, 32/33, 46/47, 74/75, 84/85, 92/93, 110/111, 126/127, 150/151, 166/167 jeweils shutterstock.com/Claudio Divizia; 20/21, 44/45, 68/69, 88/89, 116/117, 132/133, 174/175 jeweils shutterstock.com/Evgeny Karandaev; 22/23, 28/29, 38/39, 42/43, 52/53, 96/97, 100/101, 106/107, 114/115, 122/123, 130/131, 140/141, 160/161 jeweils shutterstock.com/Phatthanit; 8/9, 14/15, 16/17, 54/55, 56/57, 78, 102/103, 104/105, 144/145, 146/147, 154, 162/163, 168/169, 170/171, 172/173, Vor- und Nachsatz jeweils shutterstock.com/primopiano; 25, 31, 35, 41, 58/59, 61, 64/65, 67, 70/71, 76/77, 81, 87, 90/91, 99, 113, 118/119, 129, 134/135, 137, 148/149, 157 jeweils shutterstock.com/jessicahyde; 49, 121, 143 jeweils shutterstock.com/MeSamong
Umschlagvorderseite: Caroline Loße (Schupfnudeln mit Rote-Beete-Pesto, siehe Seite 70)
Umschlagrückseite: Caroline Loße (oben links: Bohnen-Frikadellen mit Kartoffelbrei, siehe Seite 92; Mitte links: Blumenkohlsuppe mit Rosmarin und Röstzwiebeln, siehe Seite 31; unten links: Milchreis mit Himbeeren und Karamellsauce, siehe Seite 106)

Die Deutsche Nationalbibliothek verzeichnet diese Publikation in der Deutschen Nationalbibliografie; detaillierte bibliografische Daten sind im Internet über http://dnb.d-nb.de abrufbar.

Infanteriestraße 11a
80797 München

ISBN 978-3-95961-494-8

Ebenfalls erhältlich ...

ISBN 978-3-95961-370-5

ISBN 978-3-95961-377-4

ISBN 978-3-95961-396-5

ISBN 978-3-95961-411-5

CHRISTIAN

www.christian-verlag.de